# Ombre della Mente: L'Intricato Mondo della Psicologia Nera

## Un'approfondita esplorazione delle tattiche manipolative, dei comportamenti distruttivi e delle vie verso la comprensione e il recupero

Mentalista Supremo

1. **Definizione e Origine**
   - Definire cos'è la "psicologia nera" e tracciare le sue origini storiche e culturali.
2. **Manipolazione Psicologica**
   - Esaminare le diverse tecniche di manipolazione e i motivi per cui vengono utilizzate.
3. **Coercizione**
   - Studiare come la coercizione viene esercitata e quali sono le sue conseguenze psicologiche.
4. **Perversità Narcisistica**
   - Analizzare il comportamento dei narcisisti perversi e il loro impatto sugli altri.
5. **Psicopatia**
   - Esplorare le caratteristiche della psicopatia e come influisce sul comportamento.
6. **Controllo Mentale**
   - Investigare le tecniche di controllo mentale e i loro effetti su individui e gruppi.
7. **Comportamento Sadico**
   - Esaminare le radici e le manifestazioni del comportamento sadico.
8. **Abuso Emotivo**
   - Studiare come avviene l'abuso emotivo e quali sono le sue conseguenze a lungo termine.
9. **Teoria dell'Attaccamento**

- Esaminare come i modelli di attaccamento influenzano il comportamento negativo.

10. **Dipendenza Affettiva**

- Analizzare la dipendenza affettiva e il suo ruolo nella manipolazione relazionale.

11. **Tecniche di Brainwashing**

- Studiare le tecniche di lavaggio del cervello e come vengono utilizzate.

12. **Effetti delle Traume**

- Esplorare gli effetti delle traume sulla mente e sul comportamento.

13. **Gaslighting**

- Analizzare la tecnica del gaslighting e come influisce sulla percezione della realtà.

14. **Machiavellismo**

- Esaminare le caratteristiche del comportamento machiavellico.

15. **Sindrome di Stoccolma**

- Investigare la sindrome di Stoccolma e come si sviluppa.

16. **Sindrome di Lima**

- Studiare la sindrome di Lima e le sue manifestazioni.

17. **Abuso di Sostanze**

- Esplorare la relazione tra abuso di sostanze e comportamento dannoso.

18. **Cibernetica e Manipolazione Online**

- Investigare come la tecnologia viene utilizzata per la manipolazione psicologica.

19. **Predatori Sociali**
   - Analizzare le caratteristiche e le tattiche dei predatori sociali.
20.    **Recupero e Terapia**
   - Esplorare le opzioni di recupero e terapia per le vittime di "psicologia nera".


1. Definizione e Origine • Definire cos'è la "psicologia nera" e tracciare le sue origini storiche e culturali.

## 1. Definizione e Origine

Definizione di "Psicologia Nera"

La "psicologia nera", sebbene non sia un termine ufficialmente riconosciuto nella disciplina della psicologia, può essere interpretata come lo studio dei lati oscuri, malevoli e dannosi del comportamento umano. Questo include lo studio di comportamenti, pensieri e azioni che hanno l'intento di causare danno, manipolare, o esercitare controllo sugli altri in modi moralmente e eticamente discutibili.

Origini Storiche

Le radici della "psicologia nera" possono essere rintracciate attraverso diverse lenti, inclusa la storia, la filosofia, e la psicologia stessa.

- **Filosofia**: I filosofi come Niccolò Machiavelli hanno esplorato concetti che potrebbero rientrare in una discussione su psicologia nera, come la manipolazione e l'uso del potere a fini personali.
- **Storia**: Figure storiche notorie per la loro crudeltà o manipolazione potrebbero essere esaminate per comprendere meglio le motivazioni e le tattiche dell'oscurità psicologica. Ad esempio, la storia di regnanti tirannici o di serial killer può offrire intuizioni.
- **Mitologia**: Anche la mitologia può essere utilizzata come punto di partenza per esplorare il concetto di malvagità nella psiche umana, come nel caso delle storie di creature malevolenti o divinità punitive.

Origini Culturali

Differenti culture e società hanno affrontato il concetto di male e comportamento malevolo in vari modi attraverso la storia.

- **L'Est e L'Ovest**: Mentre la filosofia occidentale potrebbe enfatizzare la dualità del bene e del male, alcune filosofie orientali potrebbero enfatizzare l'equilibrio e l'armonia, offrendo diverse prospettive sulle origini della malevolenza e della crudeltà.
- **Tabù e Superstizioni**: Esplorare come diverse culture affrontano concetti di male,

manipolazione, e oscurità attraverso tabù, superstizioni e miti.

Psicologia e Psicologia Nera

La psicologia come scienza ha anch'essa esaminato gli aspetti oscuri del comportamento umano. La ricerca su personalità oscure (ad es., psicopatia, narcisismo maligno) e comportamenti antisociali può offrire intuizioni su come e perché le persone si impegnano in attività malevole o dannose.

- **Studi di Caso**: Gli studi di caso su individui con disturbi di personalità o comportamenti particolarmente malevoli (ad es., Ted Bundy, Adolf Hitler) potrebbero offrire intuizioni sui fattori psicologici che sottendono tali comportamenti.

- **Teorie Psicologiche**: Esplorare come diverse teorie psicologiche (ad es., teoria dell'attaccamento, teoria della personalità) spiegano o si rapportano al comportamento malevolo.

**Conclusione**

Esplorare la "psicologia nera" richiede un approccio olistico che incrocia diverse discipline e prospettive. È essenziale affrontare il tema con una mentalità aperta e etica, assicurando che la discussione sia guidata dal rispetto, dalla comprensione e da un forte fondamento nella ricerca e nella teoria accademiche.

Approfondendo ulteriormente la tematica della "psicologia nera", consideriamo che la comprensione di quest'ultima implica esplorare l'oscurità intrinseca della psiche umana. La questione si dilata attraverso una molteplicità di contesti, compresi quelli sociali, personali e collettivi.

Una faceta interessante della psicologia nera potrebbe riguardare l'esame di come gli individui utilizzino la manipolazione e il controllo negli ambiti sociali e nelle relazioni interpersonali. Per esempio, potremmo esplorare come le dinamiche di potere vengano manifestate in vari contesti, come sul posto di lavoro, nelle relazioni familiari e nelle amicizie. La manipolazione, l'inganno e la coercizione possono essere esaminati sotto la lente di come gli individui sfruttino conoscenze e tecniche psicologiche per influenzare e controllare gli altri a proprio vantaggio.

È importante anche considerare il ruolo che la società e la cultura giocano nel formare e nel perpetuare le condizioni che permettono la manifestazione della psicologia nera. Le norme sociali, le aspettative culturali e i valori societari possono spesso contorcere la percezione del bene e del male, permettendo o addirittura incentivando comportamenti malevoli o manipolativi in certi contesti. La normalizzazione di tali comportamenti può spesso celare l'oscurità psicologica sotto un velo di accettabilità o legittimità.

Parlando di teorie psicologiche, la psicoanalisi, ad esempio, ha offerto spunti significativi riguardo le dinamiche dell'inconscio, dando spazio alla comprensione di quegli aspetti della mente umana che sfuggono al controllo della coscienza e che potrebbero essere radicati in esperienze traumatiche o dinamiche relazionali passate. La teoria psicoanalitica, con la sua enfasi sull'ombra (utilizzando termini junghiani) e sugli aspetti repressi della psiche, apre la porta a discussioni su come gli individui possano esprimere o proiettare queste parti oscuri in modi che sono subdolamente manipolativi o malevoli.

Delving inoltre nella dimensione evoluzionistica, si potrebbe discutere come certi comportamenti malevoli possano avere radici nelle strategie evolutive che una volta potevano offrire vantaggi in termini di sopravvivenza e riproduzione. Ad esempio, l'aggressione, la dominanza e la competizione potrebbero essere esplorate come comportamenti che, in certi contesti storici o preistorici, potrebbero aver conferito vantaggi evolutivi, nonostante i loro aspetti moralmente e socialmente discutibili.

Analizzare il concetto di "male" dal punto di vista della psicologia morale potrebbe anch'esso rivelarsi un filone di discussione proficuo. La questione di cosa renda un comportamento moralmente riprovevole, e come gli individui giustifichino o razionalizzino comportamenti malevoli o dannosi, porta in superficie una serie di questioni complesse riguardanti l'etica, la morale e la natura della coscienza umana. Un'altra area pertinente riguarda le patologie della personalità correlate a comportamenti malevoli e manipolativi, come il disturbo di personalità antisociale, il disturbo narcisistico di personalità e simili. L'esplorazione delle origini, delle manifestazioni e delle dinamiche di questi disturbi può offrire una visione incisiva delle varie forme in cui la "psicologia nera" può manifestarsi, arricchendo la discussione con spunti clinici e teorici.

Questi sono solo alcuni degli innemerevoli aspetti e sfaccettature che potrebbero essere esplorati ulteriormente nel contesto di un libro sulla "psicologia nera". E sebbene ci siano molte direzioni diverse in cui questa discussione potrebbe evolvere, è fondamentale che ogni esplorazione di questi temi oscuro e delicato sia condotta con la massima attenzione, etica, e integrità, assicurandosi che sia informata e rispettosa verso le realtà e le esperienze delle persone coinvolte.

Continuando ulteriormente a sviscerare il complesso panorama della "psicologia nera", possiamo anche esplorare il ruolo dell'ambiente e dell'educazione nell'attivare e alimentare i comportamenti oscuri. Per esempio, la teoria dell'apprendimento sociale suggerisce che i comportamenti malevoli e manipolativi possono essere appresi osservando e imitando figure significative o influenti, che possono spaziare dai genitori ai pari, fino alle personalità pubbliche. Un ulteriore argomento di rilievo potrebbe riguardare il modo in cui le istituzioni, quali scuole, aziende e organizzazioni governative, possono involontariamente favorire o persino incentivare comportamenti oscure e dannosi. Per esempio, le strutture e le dinamiche di potere all'interno di queste istituzioni potrebbero creare un ambiente fertile per la manipolazione, la coercizione e altre forme di comportamento malevolo, specialmente quando tali comportamenti sono ricompensati con status, potere o riconoscimento.

Nell'esplorare l'aspetto psicologico criminale, potremmo concentrarci su come il comportamento deviante o anti-sociale si sviluppa e si manifesta nell'ambito della criminalità. Potrebbero essere esplorate le dinamiche psicologiche sottostanti a vari tipi di crimini, come quelli finanziari, violenti, o psicologici, cercando di comprendere come la mentalità criminale possa essere radicata in una psicologia nera o oscura. Questo può includere l'indagine su come i criminali utilizzino tecniche specifiche, come l'inganno e la manipolazione, per perpetrare crimini e eludere la giustizia. Esaminare come la psicologia nera si manifesti nell'ambito della leadership può anche offrire interessanti intuizioni. Leader tirannici, dittatori e capi autoritari offrono ampio materiale per analizzare come il desiderio di potere possa distorcere la psiche e generare comportamenti altamente distruttivi e nocivi su scala massiccia. Approfondire le strategie con cui questi leader mantengono il potere, manipolano le masse e sopprimono la dissidenza potrebbe gettare luce su aspetti universali della natura umana e del desiderio di dominio.

Inoltre, l'ambito della psicologia forense offre un terreno fertile per l'esplorazione di come la psicologia nera sia rappresentata e affrontata nel sistema giuridico. Gli aspetti come la valutazione della sanità mentale, la competenza a stare a processo, e la psicologia dell'interrogatorio e della testimonianza offrono ulteriori sfaccettature attraverso cui il comportamento malevolo può essere esplorato e compreso.

La "psicologia nera" trova anche spazio nel contesto delle organizzazioni e delle aziende, dove può essere esaminato l'impatto delle dinamiche tossiche di potere e manipolazione sul benessere dei dipendenti e sul clima organizzativo. La prospettiva organizzativa potrebbe indagare come certi ambienti lavorativi o stili di leadership possano nutrire o ostacolare la manifestazione di comportamenti malevoli e quali siano le implicazioni per l'etica lavorativa e l'integrità organizzativa.

Anche l'esplorazione della "psicologia nera" in ambito religioso e spirituale potrebbe portare a riflessioni intriganti. Le idee di male, peccato e redenzione possono essere intrecciate con concetti psicologici, e le interpretazioni della moralità e dell'etica potrebbero essere messe a confronto con le manifestazioni psicologiche di comportamenti e intenzioni malevoli.

Ci sono, di fatto, molteplici angolazioni attraverso cui il concetto di "psicologia nera" può essere sviscerato e analizzato, ognuna delle quali offre una diversa prospettiva e lancia nuove sfide di comprensione in questa intricata e delicata materia. Approfondire questi diversi aspetti con una rigorosa base di ricerca e una compassione attenta potrebbe gettare nuova luce su questo lato oscuro e spesso misconosciuto della psiche umana.

Avanzando ulteriormente nell'esplorazione della "psicologia nera", è possibile intravedere la relazione tra questa e i fenomeni di massa. Come le masse, ad esempio, possono essere influenzate da leader carismatici che potrebbero avere intenzioni oscure, oppure come le fobie collettive e le psicosi di massa possano scatenare comportamenti irrazionali e a volte violenti tra grandi gruppi di persone. Questo ci porta a indagare il fascino che certi concetti o individui oscuri possono esercitare su gruppi e come questo possa spesso sfociare in eventi storici di rilievo, a volte tragici e distruttivi.

Inoltre, l'intersezione tra psicologia nera e tecnologia apre nuove frontiere di discussione. Si potrebbe esaminare come internet e le piattaforme di social media possano creare nuovi spazi in cui la psicologia nera può manifestarsi e prosperare. Per esempio, l'anonimato e la distanza impersonale del mondo online possono offrire un terreno fertile per comportamenti manipolativi e malevoli, come il cyberbullismo, lo stalking online e la diffusione di disinformazione e propaganda. Potremmo anche considerare come l'intelligenza artificiale e le tecnologie emergenti possano essere utilizzate, o siano già state utilizzate, in modi eticamente discutibili o manipolativi.

Un'ulteriore area di esplorazione potrebbe
riguardare la relazione tra psicologia nera e
creatività. In che modo gli artisti, gli scrittori e i
creatori in generale, esplorano, esprimono o
persino abbracciano aspetti della psicologia nera
attraverso le loro opere? Come il "lato oscuro"
della creatività può sia dare vita a opere di genio,
sia, in alcuni casi, derivare in comportamenti
autodistruttivi o esternamente dannosi?
In un'ottica più macroscopica, si potrebbe
esplorare la relazione tra psicologia nera e
geopolitica. Osservare come i governi e le nazioni
utilizzano strategie psicologiche e manipolative a
livello internazionale può offrire una prospettiva
approfondita sul modo in cui la psicologia nera
opera su scala globale. Questo potrebbe includere
la propaganda, la guerra psicologica, e le tattiche
di manipolazione delle masse utilizzate dai
governi per perseguire obiettivi geopolitici.
La psicologia nera può essere inoltre esplorata
nell'ambito del rapporto tra individuo e ambiente
naturale. Per esempio, le strategie di
manipolazione e coercizione utilizzate per celare
o minimizzare le implicazioni psicologiche e
fisiche del cambiamento climatico e della
distruzione ambientale offrono una ricca area di
esplorazione. Il ruolo della negazione, della
dissonanza cognitiva e della soppressione della
minaccia in risposta a crisi ambientali globali

offre un ulteriore spazio in cui il concetto di psicologia nera può essere esaminato.

Anche il ruolo della psicologia nera nell'educazione, da quella di base fino agli studi superiori, offre materiale per un'analisi stimolante. Ad esempio, in che modo i sistemi educativi possono involontariamente perpetuare modelli di competizione, confronto e stress che favoriscono comportamenti malevoli o manipolativi tra studenti e personale? Come la struttura e le politiche di un istituto possono, a volte, creare un terreno fertile per l'espressione della psicologia nera?

Questi ulteriori vettori di esplorazione permettono di ampliare il campo visivo su un terreno tanto vasto quanto è quello della "psicologia nera", andando a toccare differenti settori della società e della vita quotidiana, al fine di costruire una comprensione sempre più articolata e sfaccettata del tema in esame.

Concludendo il punto relativo alla "Definizione e Origine" della psicologia nera, è essenziale riconoscere che questo campo, nella sua vastità e complessità, sottolinea come l'esplorazione delle tendenze, dei comportamenti e degli atteggiamenti malevoli e oscure della psiche umana non sia solo una questione individuale,

ma permei vari strati della società e diversi
contesti della vita quotidiana e collettiva.

La "psicologia nera" incorpora la comprensione
dell'ombra individuale e collettiva, contemplando
le varie modalità con cui gli esseri umani possono
manifestare comportamenti distruttivi,
manipolativi e malevoli. Le radici di questo
concetto possono essere intraviste nei vari
paradigmi storici e culturali che hanno cercato di
comprendere e spiegare il male nella sua essenza
psicologica.

Ad esempio, attraverso lo sviluppo della
psicologia come disciplina, diverse teorie hanno
proposto spiegazioni riguardanti le origini e le
manifestazioni della malevolenza e della crudeltà
umana. Dalla teoria psicoanalitica di Freud, che
esplora le dinamiche dell'inconscio e le pulsioni
di vita e di morte, alle teorie comportamentiste,
che investigano come i comportamenti malevoli
possano essere appresi e rinforzati dall'ambiente,
fino agli approcci più contemporanei che
considerano i fattori biologici, sociali, e
ambientali nel determinare i comportamenti
antisociali e malevoli, la psicologia ha
continuamente cercato di comprendere le
sfumature oscure dell'esperienza umana.

Il concetto di "psicologia nera" può assumere
diverse sfaccettature e si manifesta in vari modi
attraverso la storia, la cultura, l'arte, la politica, e

la vita quotidiana. Da una parte, ci sono
manifestazioni macroscopiche di psicologia nera,
come nei casi di genocidi, guerre e oppressioni,
dove la malevolenza viene esercitata su una scala
massiccia e sistematica. Dall'altra, esistono
manifestazioni microscopiche, come nei casi di
crimini individuali, manipolazioni e
comportamenti tossici all'interno delle relazioni e
delle comunità.

Inoltre, le origini storiche e culturali della
"psicologia nera" possono anche essere
ricondotte a come diverse culture e società hanno
interpretato e compreso la natura del male e
della moralità attraverso le epoche. Le narrative
religiose, mitologiche e filosofiche offrono una
finestra attraverso cui le società hanno cercato di
dare un senso e un contesto al comportamento
malevolo e alla sofferenza umana, offrendo
spesso spiegazioni o giustificazioni metafisiche
per la presenza del male nel mondo.

Questa conclusione serve come un trampolino di
lancio verso ulteriori esplorazioni della
"psicologia nera" nei vari ambiti sopra citati e
invita a un'indagine profonda e riflessiva sulle
manifestazioni oscure della psiche umana in
diversi contesti e situazioni. In questo modo,
anche se si delinea una chiusura per questo
specifico punto, si apre contemporaneamente
una porta verso un esame più ampio e

approfondito delle innumerevoli sfaccettature e applicazioni della "psicologia nera" nei diversi settori della vita e della società umana.

2. Manipolazione Psicologica • Esaminare le diverse tecniche di manipolazione e i motivi per cui vengono utilizzate.

## 2. Manipolazione Psicologica

Esplorando le Tecniche

**1. Gaslighting:** Una tattica psicologica sottile e dannosa che coinvolge la distorsione deliberata della realtà di una persona al fine di farle dubitare della propria percezione, memoria e sanità mentale. Chi pratica il gaslighting introduce consapevolmente menzogne o distorsioni per destabilizzare e controllare la vittima.

**2. La tecnica "piede-nella-porta":** Coinvolge la presentazione iniziale di una piccola richiesta, che viene poi seguita da una richiesta più grande (il vero obiettivo). L'individuo potrebbe acconsentire alla seconda richiesta più prontamente dopo aver accettato di adempiere la prima.

**3. Love Bombing:** Iniziale sovraccarico di affetto e attenzione verso la vittima per poi, una volta guadagnata la sua fiducia e affezione, manipolarla e controllarla attraverso varie forme di abuso psicologico.

**4. Dividere per regnare:** Creare discordia tra le persone per poterle manipolare e controllare più facilmente, impedendo loro di unirsi e di contrastare l'abuso o la manipolazione.

**5. La tecnica "porta-in-faccia":** L'inverso della "piede-nella-porta", questa tattica prevede l'avanzamento iniziale di una richiesta esorbitante che verrà probabilmente rifiutata, seguita da una richiesta più ragionevole.

Intenzioni e Motivazioni

- **Potere e Controllo:** Gli individui che praticano la manipolazione psicologica spesso cercano di esercitare potere e controllo sulle loro vittime, cercando di dominare le loro decisioni, azioni e emozioni.

- **Auto-ingrandimento:** La manipolazione può anche derivare dal desiderio di un individuo di elevare la propria posizione o stato, spesso a spese degli altri.

- **Evitamento della Responsabilità:** I manipolatori potrebbero utilizzare tattiche psicologiche per deviare la colpa o evitare di essere ritenuti responsabili delle loro azioni.

- **Gueradagno Personale:** Che si tratti di benefici finanziari, sociali o emotivi, la manipolazione può essere utilizzata per promuovere gli interessi personali del manipolatore.

- **Protezione del Sé:** In alcuni casi, gli individui potrebbero ricorrere alla manipolazione per proteggere la propria immagine o il proprio ego, nascondendo vulnerabilità o insicurezze.

Esaminare queste tecniche e motivazioni non solo fornisce una panoramica di come la manipolazione psicologica può manifestarsi, ma anche un'indicazione delle complessità e delle sfumature implicite in tali comportamenti. Le tattiche manipolative possono spesso essere subdole e insidiose, emergendo in modi che potrebbero non essere immediatamente riconosciuti come manipolativi. Approfondire e comprendere queste dinamiche può quindi servire come un passo cruciale nel riconoscere, contrastare e affrontare la manipolazione quando si verifica, offrendo al contempo spunti preziosi per ulteriori discussioni e indagini all'interno di questo vasto e sfaccettato ambito della psicologia nera.

La manipolazione psicologica si infiltra in numerosi contesti della nostra società, con radici che penetrano profondamente nei meandri delle interazioni umane. Essa permea non solo le relazioni personali, ma si estende anche a livelli macroscopici, influenzando dinamiche sociali, politiche ed economiche.

Esplorando ulteriormente il tema della manipolazione nelle relazioni interpersonali, possiamo identificare il fenomeno della "triangolazione". Questa è una tattica dove il manipolatore crea un triangolo di relazioni tra sé stesso e altre due persone, sfruttando le dinamiche di alleanza e rivalità per esercitare controllo e mantenere il potere. Ad esempio, il manipolatore potrebbe condividere informazioni negative o confidenziali riguardo a una persona (persona B) con un'altra (persona A), con l'obiettivo di ottenere la lealtà e la fiducia di persona A, creando simultaneamente tensioni e sfiducia nella relazione tra le persone A e B.

Analizzando il contesto politico, la manipolazione psicologica può assumere la forma di propaganda e disinformazione. Qui, i leader o i partiti politici utilizzano specifiche tecniche retoriche e di comunicazione per influenzare l'opinione pubblica, sfruttando pregiudizi, paure e desideri della popolazione per guadagnare supporto e consolidare il potere. La creazione di "nemici" comuni, la semplificazione eccessiva di questioni complesse e l'utilizzo di slogan accattivanti sono tutti esempi di come la manipolazione possa essere utilizzata per dirigere il pensiero e il comportamento delle masse.

Nel mondo degli affari, la manipolazione può manifestarsi attraverso pratiche ingannevoli quali la pubblicità ingannevole e la manipolazione del mercato. Questo potrebbe includere l'uso strategico di informazioni false o fuorvianti per promuovere un prodotto, un'azienda o un'idea, oppure per denigrare i concorrenti. La manipolazione del mercato, d'altra parte, potrebbe coinvolgere tattiche come l'insider trading o la creazione artificiale di domanda per influenzare il prezzo delle azioni. L'ambito delle relazioni sociali e familiari non è esente da manipolazione. Qui, possono emergere dinamiche sottili e insidiose come la manipolazione emotiva, dove un individuo può sfruttare consapevolmente le emozioni di un altro, come la colpa o la simpatia, per influenzare il suo comportamento e le sue decisioni. Ciò può riguardare il ricorso al vittimismo, l'appello emotivo e il collocamento di pesanti aspettative sull'altro.

Proseguendo, è fondamentale esplorare anche l'intersezione tra manipolazione psicologica e tecnologia. In un'era dominata dal digitale, le tattiche di manipolazione si sono evolute, dando vita a fenomeni come il deepfake, l'uso di algoritmi per influenzare il comportamento degli utenti online e la diffusione di fake news attraverso piattaforme di social media. Questi strumenti tecnologici offrono nuovi, potenti mezzi attraverso cui la realtà può essere distorta e manipolata, amplificando ulteriormente le capacità e la portata delle tattiche manipolative. È anche degno di nota l'uso della manipolazione in contesti educativi. A volte, le istituzioni educative o gli insegnanti potrebbero adottare tecniche manipolative per favorire certi comportamenti o atteggiamenti tra gli studenti, promuovere ideologie specifiche o mantenere un certo ordine e controllo. Ciò potrebbe assumere la forma di ricompense e punizioni, pressioni peer, o creazione di un clima di competizione o conformità.

Questo lungo viaggio attraverso i diversi ambiti e tecniche di manipolazione psicologica offre solo un assaggio della vastità e profondità di questo fenomeno. Ogni strato esplorato potrebbe essere ulteriormente sviscerato, rivelando ulteriori sottigliezze e complessità che attendono di essere scoperte, analizzate e comprese. Si sottolinea, quindi, l'immensa ricchezza e il potenziale insito nell'esplorare la psicologia nera e la manipolazione psicologica in tutte le sue manifestazioni.

Le ramificazioni della manipolazione psicologica non si esauriscono facilmente, poiché l'argomento si estende in innumerevoli direzioni, attraversando svariati settori e dimensioni della vita umana. In particolare, lo sguardo rivolto al mondo del lavoro, dei media e della psicologia clinica svela ancor più sfaccettature della manipolazione psicologica.

Nel **mondo del lavoro**, la manipolazione può sorgere sotto forma di mobbing, dove un individuo, o un gruppo di individui, esercita un comportamento ostile e non etico nei confronti di un collega. Il mobbing può includere tattiche quali umiliazioni, isolamento sociale, e la diffamazione, tutto allo scopo di minare l'autostima e la posizione professionale della vittima. Ancora, le dinamiche di potere spesso giocano un ruolo fondamentale nelle strategie manipolative in ambito lavorativo, con superiore che potrebbero sfruttare la propria posizione per imporre obbedienza e controllo, spesso attraverso l'utilizzo sapiente di ricompense e punizioni.

Passando alla **sfera dei media**, è palpabile la presenza della manipolazione attraverso il framing delle notizie, dove certi eventi o questioni vengono presentati sotto una luce specifica per influenzare l'opinione pubblica. Il framing può modificare radicalmente la percezione delle notizie, mettendo in evidenza alcuni aspetti mentre ne minimizza altri, guidando in modo subdolo l'interpretazione e la reazione del pubblico. Anche la selezione di quali notizie promuovere e quali ignorare è una forma di manipolazione, poiché ciò può plasmare le priorità e i valori percepite della società.

Nel contesto della **psicologia clinica**, la manipolazione può essere ancor più insidiosa e dannosa. Pazienti potrebbero sperimentare forme di manipolazione da parte di professionisti non etici che, per esempio, propongono trattamenti non necessari o prolungano terapie per motivi economici. Allo stesso modo, i pazienti potrebbero utilizzare tattiche manipolative per ottenere determinati risultati o risposte dal terapeuta, come cercare rassicurazioni continue o evitare confronti su argomenti dolorosi. Questo intricato balletto di dinamiche può a volte offuscare i confini tra cura autentica e manipolazione subdola.

E ancora, è fondamentale esplorare il ruolo della manipolazione nelle **relazioni sentimentali**, un terreno fertile per comportamenti manipolativi che possono spaziare dalla gelosia strategica, l'induzione di colpa, al silent treatment (trattamento del silenzio). In alcune situazioni, un partner può esercitare un controllo sottile e coercitivo, utilizzando vari mezzi, come la manipolazione finanziaria o emotiva, per mantenere un controllo e un potere nella relazione.

Anche l'**ambito religioso** non è immune da tali dinamiche, con leader spirituali che potrebbero adottare comportamenti manipolativi per mantenere il controllo sui fedeli. La paura dell'aldilà, la promessa di redenzione e il senso di colpa religioso possono tutti essere strumentalizzati per guidare le azioni e le credenze degli adepti, solidificando il potere della leadership e assicurando la conformità dei membri.

L'esplorazione delle dinamiche di manipolazione psicologica può estendersi ulteriormente, abbracciando settori quali il marketing, la vendita al dettaglio, le relazioni internazionali e molti altri. La tessitura di una tela così vasta e complessa di esempi e scenari sottolinea non solo la pervasività della manipolazione nella nostra società, ma anche la varietà di modi in cui si può manifestare. Essere consapevoli delle molteplici maschere sotto cui la manipolazione può celarsi, significa fare un passo avanti verso la sua identificazione e mitigazione nelle varie sfere della vita quotidiana e sociale. Il cammino attraverso le ombre della psicologia nera continua, con ogni passo che rivela nuove sfaccettature di un fenomeno tanto affascinante quanto inquietante.

Proseguendo nella vastità dell'argomento che riguarda la manipolazione psicologica, occorre rivolgere lo sguardo anche al suo ruolo nell'ambito delle **reti sociali e comunità online**, dove la manipolazione può prendere forma attraverso diverse espressioni, quali il cyberbullismo, l'astroturfing e l'organizzazione di campagne di disinformazione. Il cyberbullismo, ad esempio, può essere visto come una forma di manipolazione volta a danneggiare reputazioni e autostima, mentre l'astroturfing, che è la pratica di creare un'immagine falsa di supporto popolare online, è un'altro esempio di come le percezioni del consenso e delle opinioni popolari possano essere manipulate.

Inoltre, nel campo dell'**arte e della letteratura**, la manipolazione psicologica può manifestarsi attraverso varie forme e tecniche narrative utilizzate per guidare e influenzare la percezione e le emozioni del pubblico. Ad esempio, l'uso sapiente di simbolismi, metafore e archetipi può essere adoperato per instillare certe idee o emozioni nei lettori o spettatori, spingendoli verso interpretazioni specifiche o suscitando reazioni emotive pianificate.

Per quanto riguarda il **settori scientifico e accademico**, la manipolazione può infiltrarsi attraverso pratiche come la fabbricazione o la falsificazione di dati, dove gli scienziati manipolano i risultati delle ricerche per aderire a un'agenda nascosta o per garantirsi finanziamenti e riconoscimenti. Allo stesso modo, in ambito accademico, possono emergere forme di manipolazione attraverso il plagio o attraverso pressioni e aspettative che possono distorcere l'integrità e l'autenticità del percorso educativo e delle ricerche.

Esplorando l'ambito delle **organizzazioni non governative e delle associazioni non profit**, si può osservare come talvolta la manipolazione psicologica venga utilizzata per suscitare empatia e incoraggiare donazioni o supporto attraverso l'uso di immagini e narrazioni emotivamente cariche, talvolta fuorvianti o strumentalizzate, allo scopo di innescare reazioni emotive forti e spingere le persone all'azione.

Nella sfera del **gioco d'azzardo**, la manipolazione può emergere attraverso meccanismi psicologici che incoraggiano comportamenti dipendenti e compulsivi. Utilizzando rinforzi intermittenti, estetica accattivante e la creazione di un'illusione di controllo e vicinanza alla vittoria, gli operatori del gioco d'azzardo possono manipolare i giocatori a perseguire perdite e a investire sempre più tempo e risorse nel gioco.

Proseguendo verso il mondo dello **sport**, la manipolazione psicologica può manifestarsi attraverso varie forme, come il doping psicologico, dove si incoraggiano credenze errate riguardo le prestazioni per influenzare l'esito delle competizioni, o attraverso tattiche psicologiche volte a destabilizzare gli avversari, utilizzando il trash talking o la simulazione, allo scopo di ottenere un vantaggio illecito.

In ambito **legale e giuridico**, la manipolazione può prendere la forma di coercizione, persuasione e utilizzo di bias cognitivi per influenzare le decisioni di giudici, giurie e avversari legali. La presentazione selettiva di fatti, l'uso di tecniche retoriche e la creazione di narrativi persuasivi sono tutte strategie che possono essere utilizzate per orientare le decisioni legali in una direzione favorevole. Queste esplorazioni, ancora, sfiorano solo la superficie della complessità e della pervasività della manipolazione psicologica nelle diverse sfere della vita umana, evidenziando l'importanza di una continua e profonda esplorazione e comprensione di tale fenomeno in tutte le sue manifestazioni e implicazioni. E ciascuna di queste dimensioni potrebbe essere scomposta ulteriormente, rivelando una moltitudine di strati e sotto-categorie che attendono di essere analizzate e discusse in una ricerca ancora più articolata e profonda sul tema.

La manipolazione psicologica, in tutte le sue forme e manifestazioni attraverso i diversi ambiti della società, rappresenta una realtà sottile e insidiosa che permea molteplici aspetti della nostra vita quotidiana. L'analisi di questo fenomeno ha svelato la molteplicità delle sue espressioni e il suo pervicace intrecciarsi nei diversi settori esplorati, dal mondo del lavoro, alla sfera mediatica, dalla psicologia clinica, alle relazioni interpersonali e molto altro ancora. Attraverso tecniche sofisticate e spesso subliminali, la manipolazione psicologica agisce su una vasta gamma di livelli cognitivi ed emotivi, cercando di influenzare le decisioni, le percezioni e i comportamenti degli individui e delle collettività. La consapevolezza di tale fenomeno è fondamentale per sviluppare meccanismi di difesa e resilienza, nonché per promuovere un'etica della comunicazione e della relazione autentica e rispettosa dell'altro. Mentre ci addentriamo nel dettaglio di ogni ambito, notiamo come la manipolazione psicologica spesso operi attraverso un insieme di tecniche che mirano a destabilizzare la vittima, alterando il suo senso della realtà e minando la sua capacità di prendere decisioni autonome e informate. In particolare, l'utilizzo di meccanismi come il gaslighting, la proiezione, la negazione, e la minimizzazione servono a creare un ambiente di confusione e di insicurezza, dove la vittima può diventare progressivamente dipendente dal manipolatore e dalla sua versione della realtà. Sia che si tratti di campagne di disinformazione di ampia portata o di dinamiche più intime e personali, la manipolazione psicologica utilizza la comprensione profonda della psiche umana per plasmare percezioni e creare realtà distorte che servono gli interessi del manipolatore. Si tratta di una forma di potere sottile e, spesso, occulta, che può avere impatti significativi e talvolta devastanti sulla vita delle persone e sulla società nel suo complesso.

Nonostante il quadro possa apparire cupo e sfidante, vi è anche una nota di speranza e di resistenza che emerge dalla profonda esplorazione di queste dinamiche oscure. La consapevolezza e la conoscenza dei meccanismi e delle tecniche di manipolazione possono infatti fornire gli strumenti necessari per identificare, contrastare e prevenire queste dinamiche, promuovendo relazioni, comunicazioni e società più autentiche, etiche e rispettose.

È fondamentale, quindi, incoraggiare la disseminazione di queste conoscenze, promuovere l'educazione critica e lo sviluppo di competenze emotive e relazionali che permettano agli individui di navigare con consapevolezza attraverso la complessità delle interazioni umane. L'obiettivo dovrebbe essere quello di creare spazi nei quali il dialogo e la verità possano prosperare, e dove ogni individuo sia attrezzato con gli strumenti per proteggere la propria integrità psicologica e quella della collettività dalla minaccia sempre presente della manipolazione psicologica.

In questo modo, approfondendo e chiudendo questo segmento di esplorazione, possiamo trarre ispirazione e motivazione per proseguire nella scoperta e nell'analisi degli ulteriori punti relativi alla psicologia nera, con l'obiettivo di comprenderne appieno tutte le sfumature e, ove possibile, trarne insegnamenti vitali per la costruzione di un futuro più consapevole e resistente.

3. Coercizione • Studiare come la coercizione viene esercitata e quali sono le sue conseguenze psicologiche.

### 3. Coercizione
La **coercizione**, termine che deriva dal latino "coercere" e significa "contenere, reprimere", rappresenta un fenomeno psicologico e sociale complesso e stratificato. Questa pratica implica l'uso della forza o dell'intimidazione per obbligare qualcuno a comportarsi in un certo modo e ha profonde radici e conseguenze all'interno del tessuto della psiche e delle relazioni umane.
Forme e Metodologie della Coercizione
La coercizione può assumere **forme disparate**, oscillando da manifestazioni più evidenti e tangibili a quelle subdole e psicologicamente intrinseche.

1. **Coercizione Fisica:** Utilizzo della forza fisica o della minaccia di utilizzarla per ottenere conformità.

2. **Coercizione Psicologica:** Utilizzo di tattiche quali il gaslighting, la manipolazione emotiva, la colpevolizzazione, e altre per costringere qualcuno a conformarsi senza l'uso della forza fisica.

3. **Coercizione Economica:** L'utilizzo del controllo delle risorse economiche come mezzo

per limitare le opzioni disponibili alla vittima e costringerla in una posizione di dipendenza.

4. **Coercizione Sociale:** L'applicazione di pressione sociale, vergogna o ostracismo come mezzo per influenzare il comportamento altrui.

Meccanismi Psicologici della Coercizione

La coercizione opera attraverso diversi **meccanismi psicologici**, sfruttando spesso la paura, l'insicurezza, e la dipendenza emotiva o materiale. In alcuni casi, il manipolatore può creare un'alternanza tra ricompense e punizioni, mantenendo la vittima in uno stato di incertezza e di continua tensione, in modo da rendere ancora più efficace il controllo esercitato.

Consequenze Psicologiche

Le **conseguenze psicologiche** della coercizione sono spesso profonde e durature. Le vittime possono sperimentare una serie di effetti negativi, tra cui:

- **Stress Post-Traumatico:** L'essere sottoposti a coercizione può causare traumi e stress post-traumatico, influenzando negativamente la qualità della vita e la salute mentale.
- **Dipendenza:** La vittima può sviluppare una forma di dipendenza psicologica dal coercitore, particolarmente se la tattica utilizzata alterna abuso e premio (ciclo di abuso).
- **Autostima Compromessa:** Il costante controllo e la sottomissione possono erodere

l'autostima della vittima, che potrebbe iniziare a dubitare del proprio valore e delle proprie percezioni.

- **Isolamento:** Le vittime di coercizione spesso si isolano o vengono isolate dai loro reti di supporto, il che aumenta ulteriormente la loro vulnerabilità.

Coercizione in Diversi Contesti

Esaminare come la coercizione sia operante in diversi contesti sociali e individuali, come ad esempio nelle **relazioni interpersonali**, negli **ambiti lavorativi**, nel **contesto familiare**, e in quello **sociale e politico**, può offrire uno sguardo penetrante sulle dinamiche di potere e controllo che strutturano le interazioni umane a vari livelli. Ad esempio, nelle relazioni di coppia, la coercizione può manifestarsi attraverso il controllo economico o emotivo; nel contesto lavorativo attraverso intimidazioni o minacce legate alla carriera, e così via.

Strategie di Contrasto

Infine, esplorare e proporre **strategie di contrasto** alla coercizione è fondamentale per sviluppare un discorso propositivo e offrire strumenti concreti di protezione e resilienza. Questo può includere la promozione di una cultura della consapevolezza e del rispetto, lo sviluppo di reti di supporto, l'implementazione di politiche e protocolli di protezione e l'educazione alle dinamiche psicologiche e di potere costruttive e distruttive.

In sintesi, studiare la coercizione nel contesto della "psicologia nera" permette di svelare gli abissi oscuro delle dinamiche umane e offrire, al contempo, lumi per navigare con consapevolezza e integrità attraverso le sfide della convivenza umana.

Esaminando ulteriormente le intricato mondo della coercizione, emerge la sua raffinatezza nel permeare vari aspetti del tessuto sociale ed individuale. La coercizione, nelle sue forme più insidiose, riesce ad infiltrare anche gli ambiti considerati sicuri o protetti, quali potrebbero essere certi ambienti familiari o amicali. Per esempio, la coercizione sottile che può verificarsi attraverso le aspettative culturali e sociali, dove un individuo viene indirettamente forzato a conformarsi a certi standard o norme per evitare esclusione o discriminazione, costituisce un terreno fecondo per esplorare ulteriormente le sfumature di questo fenomeno.

Anche i media giocano un ruolo significativo nel fenomeno della coercizione. Gli spettatori o i lettori possono essere inconsapevolmente sottoposti a forme di coercizione attraverso la disseminazione di informazioni orientate, false notizie, e narrativa tendenziosa. La questione delle "fake news", per esempio, apre una finestra importante su come la coercizione possa operare in ambito socio-politico, plasmando opinioni pubbliche, influenzando processi elettorali, e contribuendo alla creazione di tensioni sociali e politiche. Esplorare le dinamiche della manipolazione mediatica, e come queste si traducano in coercizione su vasta scala, svela le sfaccettature della psicologia nera applicata alle masse.

Anche la pubblicità si presta a essere un utile vettore di coercizione, specialmente attraverso l'uso di tecniche sofisticate di marketing che toccano corde emotive profonde o sfruttano le insicurezze umane. L'adeguamento dei messaggi pubblicitari alle psicodinamiche individuali e collettive, e l'uso strutturato del colori, delle parole, e delle immagini, si rivelano potenti strumenti di influenza e direzionamento del comportamento dei consumatori.

Inoltre, un'esplorazione della coercizione passa inevitabilmente attraverso la lente dell'autorità e della relazione tra dominante e dominato. I meccanismi psicologici attraverso cui un'autorità viene percepita come legittima, anche quando esercita una coercizione palpabile, aprono interessanti discorsi sulla sottomissione volontaria e sugli aspetti cognitivi e culturali che facilitano l'accettazione della coercizione. La teoria dell'autorità carismatica, dell'autorità tradizionale, e dell'autorità razionale-legale, per esempio, può essere utilizzata per comprendere come diversi tipi di leader o strutture possano esercitare coercizione in modi variamente accettati o resistiti dalle popolazioni.

Un aspetto ancor più sottile della coercizione è rappresentato dalle forme introiettate di coercizione. Qui, l'individuo diventa al tempo stesso vittima e perpetratore, costringendo se stesso a conformarsi a norme, aspettative o regole che sono state interiorizzate come proprie, anche quando queste sono dannose o limitanti. Questo può emergere in una miriade di contesti, come il perfezionismo tossico nel lavoro o l'autocoercizione in ambiti come l'alimentazione o l'esercizio fisico. Capire come le dinamiche coercitive esterne possano diventare meccanismi interiorizzati è cruciale per sviscerare il complesso impatto della coercizione sulla psiche umana.

Gli strumenti legali e politici per contrastare la coercizione rivelano un altro aspetto pertinente di questo dialogo. Esplorare come le leggi, le politiche e i protocolli interagiscono con le dinamiche della coercizione, offrendo protezione, creando resistenze o, in alcuni casi, inadvertitamente facilitando dinamiche coercitive, è un ulteriore strato essenziale da considerare nell'ambito di questa ricca e complessa esplorazione.

Così, la coercizione, nel suo insieme, si manifesta come un fenomeno di una complessità straordinaria, intrecciandosi nelle diverse sfere della vita umana, muovendosi tra strati sociali, individuali, politici, culturali e psicologici, e chiede un'indagine sempre più accurata e sfaccettata per poterne comprendere pienamente le manifestazioni e le implicazioni.

Continuando a sondare le profondità della coercizione, emerge come questo fenomeno si intrecci strettamente con l'ambito delle relazioni interpersonali, in particolare quelle di natura intima o familiare. La coercizione nelle relazioni può manifestarsi in vari modi, dalla manipolazione emotiva al controllo fisico, passando per l'abuso psicologico e la violenza verbale. Approfondire le dinamiche della coercizione nelle relazioni domestiche e nelle amicizie, spesso attraverso tattiche subdole e non sempre riconoscibili come abusi, diventa un punto nevralgico nell'esplorazione delle dimensioni micro e macro delle dinamiche di potere.

Allargando la prospettiva alla società in generale, un campo di studio di particolare interesse potrebbe essere la coercizione nell'ambito della socializzazione e dell'educazione dei giovani. Analizzare come pratiche coercitive possono essere impiegate, talvolta in modo non intenzionale, nella formazione dell'individuo durante gli anni formativi offre uno spaccato su come le dinamiche di potere e controllo possano essere introiettate e normalizzate già dalla tenera età. Da un lato, si ha la coercizione visibile e palpabile esercitata attraverso regole rigide e punizioni, dall'altro, quella più sottile e occulta che si manifesta tramite aspettative, pressioni e il cosiddetto "conditioning" sociale.

Il ruolo delle istituzioni educative e della coercizione che può essere esercitata al loro interno, sia a livello di struttura organizzativa sia nella relazione tra docenti e studenti, offre ulteriori punti di riflessione. Potremmo indagare come l'autorità e le strutture gerarchiche all'interno delle scuole e delle università influenzino la percezione della legittimità della coercizione e quale sia l'impatto a lungo termine su chi la subisce durante gli anni formativi. La questione diventa particolarmente rilevante quando si considerano i possibili effetti sull'autonomia decisionale, sulla creatività e sulla costruzione dell'identità dell'individuo.

Inoltre, esplorando la coercizione in una prospettiva interculturale e globale, si rivelano dinamiche affascinanti relative ai modi in cui diversi contesti culturali e sociali interpretano e legittimano la coercizione. Come variano le manifestazioni e le percezioni della coercizione tra differenti culture? In che modo i valori, le norme e gli atteggiamenti culturali influenzano le pratiche coercitive e le risposte ad esse? Analizzare come il concetto e l'accettabilità della coercizione si modellino in diversi ambienti culturali potrebbe gettare luce su come le strutture di potere e controllo si manifestano e si radicano in modi specifici e contestuali.

La tecnologia, inoltre, presenta una nuova frontiera per la coercizione, aprendo la porta a nuove forme di abuso e manipolazione. La coercizione digitale attraverso l'uso di piattaforme online, social media, e strumenti digitali rappresenta un'emergente e insidiosa realtà. Si può pensare al cyberbullismo, al revenge porn, o alla manipolazione delle informazioni personali. La riflessione su come la coercizione si manifesti nell'ambito digitale, e su quali siano le specifiche vulnerabilità e dinamiche psicologiche che essa esplora, offre un'ulteriore dimensione al nostro esame.

Questi strati, dall'intimo al globale, dalla fisicità della presenza all'etereità del digitale, costruiscono un quadro multidimensionale della coercizione, ricco di sfaccettature e potenzialità esplorative, e ci sollecitano a continuare a indagare, svelando sempre nuovi aspetti di questo fenomeno intricato e pervasivo.

Navigando ulteriormente nelle acque della coercizione, il punto di vista psicologico è di fondamentale importanza. Si può indagare come l'individuo elabori e interiorizzi le esperienze di coercizione e quale sia l'impatto sul proprio sviluppo psicologico, emozionale e comportamentale. Le teorie psicologiche sulla resilienza, l'adattamento, e le risposte allo stress e al trauma possono fornire spunti preziosi per capire le diverse vie attraverso cui la coercizione incide sul benessere psicologico e sulla formazione dell'identità.
Inoltre, il legame tra coercizione e psicopatologia apre un campo vasto di esplorazione. Analizzare come le dinamiche coercitive possano interagire con la manifestazione e il decorso dei disturbi psicologici, come il disturbo post-traumatico da stress (PTSD), i disturbi dell'umore o d'ansia, e come queste possano a loro volta influenzare la vulnerabilità dell'individuo alla coercizione, offre una prospettiva di studio che va dalla neurobiologia alla psicodinamica.
Esplorando le dinamiche di gruppo, un ulteriore strato di complessità emerge quando si considera la coercizione in contesti come sette, gang o organizzazioni in cui la manipolazione,

l'intimidazione e l'abuso psicologico possono diventare strumenti per mantenere il controllo e l'omogeneità del gruppo. Indagare le tecniche utilizzate, come l'isolamento, la creazione di un nemico comune, o l'instaurazione di un forte senso di appartenenza e lealtà, può svelare meccanismi potentemente coercitivi e manipolativi che operano nelle dinamiche di gruppo.

Da un'altra angolazione, esaminare come le istituzioni, sia a livello micro che macro, possano essere sia fonti sia obiettivi di coercizione apre un'altra prospettiva di riflessione. Le istituzioni possono utilizzare la coercizione per mantenere l'ordine, la stabilità o il controllo, ma possono anche diventare esse stesse vittime di coercizione da parte di individui, gruppi o altre entità attraverso pratiche come il ricatto, la corruzione o la minaccia. L'interazione tra coercizione e potere istituzionale diventa allora un terreno complesso e multiforme da esplorare.

Anche il ruolo del linguaggio nella coercizione merita un esame attento. Il linguaggio può essere usato per manipolare, limitare, controllare e persino violare la psiche altrui. Analizzare come il linguaggio sia utilizzato per esercitare coercizione, attraverso tecniche quali il gaslighting, la creazione di narrativa e l'uso di terminologie e retoriche specifiche, permette di comprendere come le parole diventino strumenti di potere e dominazione.

Inoltre, la coercizione economica, che si manifesta attraverso dinamiche come il controllo delle risorse, lo sfruttamento lavorativo e la creazione di dipendenza economica, presenta un altro lato della coercizione che ha profonde ramificazioni sia a livello individuale sia sociale. Indagare come la coercizione economica possa creare e perpetuare disuguaglianze, discriminazioni e sfruttamento diventa fondamentale per comprendere le intersezioni tra potere economico e psicologia nera.

In tal modo, dalla psiche individuale alle dinamiche sociali, dalle strutture di potere globale alle interazioni quotidiane, la coercizione si palesa in una moltitudine di forme e contesti, richiedendo un'esplorazione multidisciplinare e multi-livello per poter realmente intuire la sua pervasività e complessità.

In conclusione, la coercizione si disvela come un fenomeno stratificato, le cui ramificazioni permeano diversi ambiti della vita umana e sociale, alimentando una complessa rete di potere, controllo, e resistenza. Alla base della coercizione giace un nudo esercizio di potere che può essere tanto sottile e occulta quanto esplicita e violenta, imbrigliando l'individuo in una tela di manipolazioni psicologiche, economiche, e fisiche.

Dall'intreccio fra psicologia individuale e fenomeni sociali ampi e pervasivi, emerge chiaramente come la coercizione non solo destabilizzi la psiche umana, ma anche come crei e perpetui sistemi di oppressione e sfruttamento su scale macroscopiche. La sua manifestazione, che può scorrere attraverso canali tanto disparati quanto la manipolazione emotiva nelle relazioni intime, l'uso strategico del linguaggio, la coercizione economica e l'abuso di potere all'interno delle istituzioni, incarna una poliedricità che richiede un approccio analitico multidimensionale per essere compresa in tutta la sua complessità.

Il fenomeno della coercizione sfida la comprensione umana su diversi livelli, poiché il suo funzionamento può essere tanto palese quanto velato, risiedendo non solo in atti manifesti di dominio e controllo, ma anche in sottili atti di manipolazione e inganno che penetrano la quotidianità. Catturare la totalità della coercizione implica dunque un impegno nel delineare i contorni delle sue manifestazioni evidenti e nell'esplorare le ombre delle sue espressioni più elusive.

L'impatto della coercizione sull'individuo, manifestandosi in molteplici forme di stress psicologico e conseguenze emozionali, interpella profondamente la nostra comprensione delle dinamiche psicologiche umane. La capacità di un individuo di navigare, resistere, e forse, riprendersi da esperienze di coercizione mette in luce questioni chiave relative alla resilienza umana, alla vulnerabilità e ai fattori che mediano la trasformazione del trauma in crescita o patologia.

A livello sociale e culturale, la coercizione contribuisce a modellare strutture di potere, influenzando dinamiche di gruppo, norme culturali e sistemi di valore, e contribuendo, in ultima analisi, alla creazione di realtà sociali che a loro volta perpetuano ulteriori dinamiche coercitive. Quindi, la coercizione non è solo un fenomeno isolato, ma un ingranaggio in un meccanismo più ampio di potere e controllo che permea società e cultura.

Dal punto di vista globale, la coercizione agisce come uno strumento potente nelle mani delle entità che detengono il potere, che, attraverso meccanismi di oppressione e controllo, sono in grado di mantenere e consolidare le proprie posizioni dominanti. La resistenza alla coercizione, quindi, non solo diventa un atto di ribellione individuale ma un'insurrezione collettiva contro sistemi più ampi di dominio e sfruttamento.

L'esplorazione della coercizione, quindi, ci immerge in un vortice di domande, riflessioni e interrogativi etici che spaziano dall'intimo all'universale, sollecitandoci a considerare come le dinamiche di potere e controllo si intreccino con le trame della psiche umana e dei sistemi sociali, e ci sfidano a immaginare vie per navigare, resistere, e forse, trasformare le realtà coercitive in cui siamo immersi.

4. Perversità Narcisistica • Analizzare il comportamento dei narcisisti perversi e il loro impatto sugli altri.

La perversità narcisistica è un concetto che, nell'ambito della psicologia e della psichiatria, fa riferimento a un particolare insieme di comportamenti e tratti caratteriali, manifestando una combinazione di narcisismo e comportamenti manipolatori e distruttivi. Si tratta di un terreno che richiede un'analisi delicata e accurata, per comprenderne le radici, le manifestazioni e le ripercussioni sugli individui e sui contesti in cui operano.
In un contesto generale, i narcisisti perversi sono spesso definiti da una mancanza di empatia, un senso gonfiato di auto-importanza, e una spiccata tendenza alla manipolazione e alla sfruttamento degli altri. Sono, in genere, individui che

ricercano ammirazione e validazione costante, mostrando frequentemente una scarsa considerazione per i bisogni e i sentimenti altrui.

**Caratteristiche dei Narcisisti Perversi:**

1. **Mancanza di Empatia:** La mancanza di empatia è un segno distintivo. La loro incapacità o riluttanza a riconoscere e validare i sentimenti e le esigenze degli altri spesso li rende percezioni come freddi e insensibili.

2. **Manipolazione e Controllo:** Spesso utilizzano tecniche di manipolazione sofisticate, come il gaslighting, per seminare il dubbio e l'insicurezza nelle loro vittime, creando dipendenza e controllo.

3. **Sfruttamento degli Altri:** Gli individui con tratti di perversità narcisistica utilizzano spesso gli altri come mezzi per raggiungere i propri obiettivi, senza riguardo per il benessere o le necessità altrui.

4. **Arroganza e Superiorità:** Frequentemente, esibiscono un atteggiamento di superiorità e aspettative irrealistiche di trattamento preferenziale.

5. **Invidia e Credenza che gli Altri li Invidino:** Spesso invidiano gli altri e credono che anche gli altri li invidino, percependo se stessi come più meritevoli.

**Impatto sui Rapporti Interpersonali:**

1. **Relazioni Tossiche:** Le relazioni con i narcisisti perversi sono spesso caratterizzate da dinamiche tossiche, con frequenti episodi di abuso emotivo, psicologico, e talvolta fisico.

2. **Dependence Emotiva:** Le vittime possono diventare emotivamente dipendenti dal narcisista perverso, trovando difficile districarsi dalla relazione.

3. **Danneggiamento dell'Autostima:** Gli individui coinvolti in relazioni con narcisisti perversi possono subire danni significativi alla propria autostima e auto-percezione a causa della costante denigrazione e manipolazione.

4. **Isolamento Sociale:** Non di rado, le vittime vengono isolate dai loro circoli sociali e supporto esterno, incrementando la loro vulnerabilità.

**Analisi Psicologica e Dinamica:**

1. **Origini del Comportamento:** L'esplorazione delle origini dei tratti di perversità narcisistica può svelare percezioni distorte dell'io e meccanismi di difesa ipertrofizzati sviluppati in risposta a esperienze passate, traumi o carenze affettive.

2. **Dinamiche di Potere:** I narcisisti perversi spesso instaurano dinamiche di potere asimmetriche nelle loro relazioni, dove dominano e controllano l'altro.

3. **Mecccanismi di Difesa:** Molte delle loro azioni e atteggiamenti possono essere intesi come meccanismi di difesa (come la proiezione) volti a proteggere un Sé fragile e vulnerabile. Concludendo, la perversità narcisistica è un fenomeno complesso che intreccia dinamiche intrapsichiche, comportamentali e relazionali, e la cui esplorazione richiede un'attenta navigazione tra psicopatologia, dinamiche di relazione e meccanismi di coping e difesa. La comprensione di tali dinamiche è cruciale non solo per gli specialisti del settore, ma anche per chi si trova a interagire o ad essere coinvolto in relazioni con individui caratterizzati da tali tratti, fornendo strumenti e insights per la comprensione e, ove possibile, la gestione di tali complesse dinamiche interpersonali.

**Impatto sulla Società:**

I narcisisti perversi possono avere un impatto negativo non solo sulle relazioni dirette ma anche su gruppi e contesti sociali più ampi. A livello organizzativo, per esempio, possono creare ambienti di lavoro tossici, innescando cicli di stress, burnout e insoddisfazione tra i collaboratori. La loro incessante ricerca di potere e riconoscimento può portare a decisioni aziendali eticamente discutibili o addirittura illegali, innescando crisi e conflitti all'interno delle organizzazioni.

**Frustrazione e Aggressività:**

Un altro aspetto interessante della perversità narcisistica è la correlazione con l'aggressività e la frustrazione. Quando il narcisista perverso non riesce a ottenere l'ammirazione o il riconoscimento che desidera, può reagire con rabbia e comportamenti vendicativi, cercando di punire o umiliare chi percepisce come fonte della propria frustrazione. Inoltre, questa aggressività può anche essere direzionata verso se stessi in momenti di particolare vulnerabilità o fallimento percepito.

**Legami con Altri Disturbi di Personalità:**

Esplorare le possibili intersezioni tra la perversità narcisistica e altri disturbi di personalità, come il disturbo antisociale di personalità, può offrire spunti di riflessione su come questi tratti siano intrecciati e si influenzino reciprocamente. In alcuni casi, infatti, il narcisismo perverso può coesistere con altre problematiche psicologiche e comportamentali, dando vita a dinamiche ancora più complesse e sfaccettate.

**Relazione tra Genetica e Ambiente:**

Una disamina del rapporto tra fattori genetici e ambientali nella formazione del narcisismo perverso solleva questioni significative circa il ruolo dell'ereditarietà e delle esperienze di vita nell'evolversi di tali tratti. In che misura gli eventi traumatici, l'educazione ricevuta, o altre esperienze significative contribuiscano alla manifestazione del narcisismo perverso, e in che modo questi interagiscano con predisposizioni genetiche, rimane un campo fertile per ulteriori indagini e ricerche.

**Interventi Terapeutici:**

Anche il campo degli interventi terapeutici nei confronti della perversità narcisistica è ricco di sfumature e potenziali aree di esplorazione. La riluttanza dei narcisisti perversi ad ammettere vulnerabilità e a ricercare aiuto complica la definizione di percorsi terapeutici efficaci. Quale può essere l'approccio più adeguato e come si può penetrare la corazzata autostima e l'apparente mancanza di insight in individui con forti tratti narcisistici perversi? La letteratura esistente suggerisce approcci che combinano la psicoterapia con interventi volti a sviluppare competenze socio-emotive e a migliorare la gestione dello stress e dei conflitti.

**Dinamiche Familiari:**

Esaminando le dinamiche familiari in cui è presente un narcisista perverso, spesso emergono pattern ricorrenti di abuso, negazione e disfunzione. I membri della famiglia possono sviluppare meccanismi di adattamento maladaptive per gestire lo stress e il dolore emotivo derivante dalle interazioni con il narcisista perverso. In che modo i figli cresciuti in tali contesti interiorizzano e replicano queste dinamiche nelle loro future relazioni e come queste dinamiche familiari possono essere interrotte o modificate, costituisce un'altra vasta area di studio e intervento.

**Analisi Culturale e Societale:**

Analizzare la perversità narcisistica anche da una prospettiva socioculturale permette di riflettere su come certi comportamenti vengano normalizzati, glorificati o addirittura incentivati in alcune società o sub-culture. Dal culto della celebrità all'idolatria dei "self-made men", diverse manifestazioni di narcisismo possono essere non solo tollerate ma celebrate, alimentando dinamiche sociali che rinforzano e legittimano comportamenti tossici e distruttivi. Queste sono solo alcune delle innumerevoli direzioni che l'esplorazione del concetto di perversità narcisistica può prendere. Ogni strada offre ulteriori biforcazioni e percorsi interconnessi, tessendo una rete complessa di implicazioni psicologiche, relazionali, sociali e culturali. La perversità narcisistica, con la sua intrinseca complessità e multifaccettate manifestazioni, rimane un campo profondamente ricco e sfidante per psicologi, ricercatori e chiunque sia interessato alle ombre intricate della psiche umana.

**Perversità Narcisistica e Relazioni Intime:**
Esaminare la perversità narcisistica all'interno delle relazioni intime svela una serie di dinamiche distruttive e manipolative che vengono attuate. I narcisisti perversi tendono a stabilire legami in cui possono esercitare controllo e dominio, spesso sfruttando le vulnerabilità del partner per mantenere un senso di superiorità e potere. L'amore e l'affetto vengono spesso utilizzati come strumenti di manipolazione, rendendo la vittima confusa e legata a un ciclo di abuso emozionale e psicologico. Questo può creare dinamiche relazionali altamente tossiche, in cui il partner viene continuamente svalutato, umiliato e sottoposto a una varietà di tattiche abusive per sminuirne l'autostima e incrementare la dipendenza emotiva dal narcisista perverso.

**Perversità Narcisistica nei Gruppi e Organizzazioni:**
L'influenza di un narcisista perverso non si limita alle relazioni interpersonali, ma può estendersi a gruppi e organizzazioni, creando dinamiche di potere e controllo che alterano la salute e il funzionamento di interi sistemi. All'interno delle organizzazioni, un leader con tratti di perversità

narcisistica può implementare strutture e prassi che riflettano e rafforzino il suo bisogno di dominio e riconoscimento, spesso a scapito dell'etica e del benessere collettivo. L'organizzazione può così diventare lo strumento attraverso il quale il narcisista perverso esercita il proprio controllo, manipolando le dinamiche di gruppo, le decisioni e le politiche in modo da riflettere e soddisfare le proprie esigenze e aspirazioni.

**Perversità Narcisistica e Genere:**
Un'altra lente attraverso cui esplorare il narcisismo perverso è quella del genere. Come si manifesta diversamente nei maschi e nelle femmine? Come le aspettative e i ruoli di genere influenzano e sono influenzati dalla perversità narcisistica? Per esempio, le donne con tratti narcisistici perversi possono manifestare il proprio comportamento in modi che si allineano o si scontrano con le norme di genere esistenti, mentre gli uomini possono esercitare il proprio narcisismo in maniera congruente o in conflitto con le aspettative sociali relative alla mascolinità. La dinamica tra narcisismo, potere, e genere è un terreno fertile per esplorare come le strutture sociali e i tratti di personalità interagiscano e si modellino reciprocamente.

**Perversità Narcisistica e Creatività:**
Nonostante le sfide e le problematiche associate, esistono anche casi in cui il narcisismo perverso può incrociarsi con l'ambito della creatività e dell'innovazione. Individui con forti tratti narcisistici possono mostrare una determinazione e un'ambizione fuori dal comune nel perseguire i propri obiettivi creativi, spesso con un'immagine di sé grandiosa e un'inalterabile fiducia nelle proprie capacità. Tuttavia, tali tratti possono altresì manifestarsi in un'ossessione per il riconoscimento e la celebrità, un bisogno compulsivo di ammirazione che può, in alcuni casi, spingere il soggetto verso realizzazioni significative ma anche verso comportamenti distruttivi e non etici.

**Perversità Narcisistica e Spiritualità:**
L'interazione tra la perversità narcisistica e la spiritualità apre una nuova via di indagine relativa al modo in cui questi tratti influenzano e sono influenzati dalla ricerca spirituale e dalle credenze religiose. Un narcisista perverso può sfruttare la spiritualità come un altro veicolo per l'auto-esaltazione e la manipolazione, utilizzando la propria "spiritualità" per posizionarsi in una posizione di superiorità morale o illuminazione rispetto agli altri. D'altro canto, la sfida di conciliare l'ego smisurato e il percorso spirituale potrebbe anche essere un interessante punto di

partenza per esplorare le contraddizioni e le tensioni intrinseche alla connessione tra autopercezione distorta e aspirazioni spirituali o trascendentali.

Ogni punto indicato qui rappresenta un sentiero di esplorazione, ognuno dei quali si dirama in ulteriori sotto-temi e aree di interesse, affermando la complessità e la profondità del tema della perversità narcisistica e le sue ramificazioni in vari ambiti della vita e della società.

**Perversità Narcisistica e Psicopatologia:** Il confronto tra il narcisismo perverso e altre forme di psicopatologia offre una prospettiva complessa e multiforme sulla malattia mentale e sul funzionamento della personalità disfunzionale. Il narcisismo perverso, pur avendo caratteristiche distintive, può talvolta sovrapporsi con altri disturbi della personalità e patologie, come il disturbo antisociale della personalità o il disturbo borderline. Esplorare le similitudini e le differenze, le convergenze e le divergenze tra queste patologie, nonché analizzare come ciascuna patologia può influenzare o esacerbare l'altra, può fornire una visione stratificata e multidimensionale della mente patologica.

**Perversità Narcisistica e Cultura:**
Inoltre, è essenziale analizzare la perversità narcisistica attraverso la lente della cultura e del contesto socio-culturale. Come variano le manifestazioni e le percezioni del narcisismo perverso tra culture diverse? Come le diverse culture affrontano, interpretano e rispondono a questi comportamenti? E in che modo le varie norme culturali possono facilitare o inibire espressioni di narcisismo perverso? Le risposte a queste domande potrebbero offrire penetranti approfondimenti sulle influenze reciproche tra la psicologia individuale e i sistemi culturali e sociali più ampi.

**Perversità Narcisistica e Politica:**
L'intersezione tra perversità narcisistica e politica rappresenta un terreno fertile per l'indagine. L'influenza di figure narcisistiche e manipolative all'interno della sfera politica può avere ripercussioni significative sulla guida e sulla stabilità di intere nazioni e comunità. Indagare sul modo in cui il narcisismo perverso si manifesta in ambito politico, come le tattiche di manipolazione e controllo vengono impiegate per acquisire potere, e come tali dinamiche influenzano le politiche, le relazioni internazionali e la governanza è fondamentale per comprendere l'impatto ampio e pervasivo di questa problematica personalità nel mondo.

**Perversità Narcisistica e Società:**
Esplorare l'impatto della perversità narcisistica
sulla società in generale, analizzando come
queste personalità possono plasmare, influenzare
e talvolta danneggiare le comunità e le strutture
sociali è essenziale. Questo potrebbe includere lo
studio di come la società risponde e si adatta alla
presenza di individui narcisistici perversi, come
queste personalità siano in grado di ascendere a
posizioni di potere e influenza, e come le loro
azioni e comportamenti possano modellare
norme sociali, etiche e comportamentali.

**Perversità Narcisistica e Teoria
Psicoanalitica:**
Dal punto di vista della teoria psicoanalitica, il
narcisismo perverso potrebbe essere esaminato
in relazione ai concetti di Io, Es e Super-io, e
come questi aspetti della personalità sono
distorti o malformati in presenza di una
perversità narcisistica. Analizzare la dinamica tra
desideri, bisogni, repressione e difese dell'Io, e
come queste interagiscono e si influenzano
reciprocamente all'interno della psiche del
narcisista perverso, offre una visione profonda
delle profondità interne di tali individui e delle
motivazioni inconsce che guidano il loro
comportamento apparentemente insensibile e
manipolativo.

**Perversità Narcisistica e Relazioni Familiari:**
L'incidenza della perversità narcisistica all'interno delle strutture familiari offre un altro ampio terreno di esplorazione. Come un genitore narcisista perverso influenzare la dinamica familiare, lo sviluppo emotivo e psicologico dei figli, e la stabilità del nucleo familiare? Esplorare il ciclo intergenerazionale della perversità narcisistica, comprendendo come i tratti e i comportamenti vengano trasmessi, emulati o respinti da una generazione all'altra, può fornire approfondimenti critici sulla persistenza e sulla proliferazione di queste dinamiche nocive attraverso il tempo e gli ambienti familiari.
Ogni uno di questi sottopunti apre un universo di analisi, indagini e comprensioni che possono arricchire ulteriormente la comprensione della perversità narcisistica e delle sue varie manifestazioni e implicazioni attraverso un'ampia gamma di contesti e discipline.

5. Psicopatia • Esplorare le caratteristiche della psicopatia e come influisce sul comportamento.

La psicopatia è un argomento complesso e sfaccettato che richiede un'esplorazione approfondita per comprendere adeguatamente le sue manifestazioni, implicazioni e i vari modi in cui permea la società e le relazioni interpersonali. Analizziamo alcuni aspetti che potrebbero essere ulteriormente sviluppati in un testo sul tema.

**1. Definizione e Classificazione:**

- **Criteri diagnostici:** Descrivere i criteri diagnostici della psicopatia secondo vari manuali diagnostici e approcci teorici (come il DSM-5, la PCL-R, etc.).
- **Sottotipi di Psicopatia:** Esplorare la possibilità dell'esistenza di diversi sottotipi di psicopatia e le relative divergenze comportamentali e motivazionali.

**2. Caratteristiche Comportamentali e Emotive:**

- **Empatia e Remore:** Analizzare il deficit di empatia e l'assenza di remore come elementi chiave.
- **Manipolazione:** Esplorare tecniche e motivazioni dietro il comportamento manipolativo dei psicopatici.

**3. Basi Biologiche e Neuroscientifiche:**

- **Struttura Cerebrale:** Discutere le anomalie strutturali e funzionali nei cervelli dei psicopatici.
- **Genetica vs. Ambiente:** Ponderare il dibattito sulla natura contro nutrimento nel contesto della psicopatia.

**4. Psicopatia e Criminalità:**

- **Comportamento Antisociale:** Collegare la psicopatia con atti criminali e comportamenti antisociali.
- **Profiling:** Esplorare come i profilers utilizzano la conoscenza della psicopatia per tracciare profili di criminali.

**5. Gestione e Trattamento:**

- **Possibilità di Trattamento:** Indagare sull'efficacia e l'etica dei vari tentativi di trattamento per la psicopatia.
- **Gestione nelle Istituzioni:** Analizzare come le istituzioni (carceri, ospedali psichiatrici, etc.) gestiscono i casi di psicopatia.

**6. Psicopatia nella Società:**

- **Psicopati Funzionali:** Discutere il concetto di "psicopati funzionali" che prosperano in certi ambiti della società (ad es. il mondo degli affari).
- **Rappresentazioni Mediatiche:** Esaminare come la psicopatia è rappresentata nei media e nell'arte e quali sono gli effetti sociali di queste rappresentazioni.

**7. Etica e Psicopatia:**

- **Moralità:** Esplorare la percezione della moralità nei psicopatici.
- **Responsabilità Legale:** Indagare le implicazioni legali e le controversie relative alla responsabilità dei crimini commessi da psicopatici.

**8. Relazioni e Psicopatia:**

- **Relazioni Distruttive:** Esplorare le dinamiche delle relazioni con individui psicopatici.
- **Conseguenze Emotive per le Vittime:** Analizzare l'impatto psicologico e emotivo sugli individui che hanno relazioni di vario tipo con psicopatici.

**9. Casi Studio:**

- **Analisi di Casi Reali:** Esplorare casi reali e storici di individui diagnosticati o sospettati di psicopatia.
- **Implicazioni e Lezioni Apprese:** Derivare considerazioni e lezioni da ogni caso studio.

**10. Comparazioni con Altri Disturbi:**

markdownCopy code
- **Differenze e Somiglianze:** Comparare la psicopatia con altri disturbi della personalità (e.g., narcisismo patologico). - **Complessità Diagnostica:** Discutere le sfide nella diagnosi differenziale e nei percorsi di trattamento.

Ognuno di questi punti offre un vasto terreno di discussione e potrebbe essere suddiviso ulteriormente in sottosezioni per uno sviluppo ancor più dettagliato e una discussione più approfondita. L'esplorazione della psicopatia da molteplici angolazioni consente di accedere a una comprensione olistica e multidisciplinare di questo affascinante e complesso disturbo della personalità.

Approfondire ulteriormente la psicopatia significa immergersi in una materia di immensa complessità che racchiude sfaccettature su diversi piani: biologico, psicologico, sociale e persino filosofico. Ogni aspetto dell'esplorazione della psicopatia può aprire una nuova finestra verso la comprensione di questo fenomeno.

## 11. Infanzia e Psicopatia:

- **Segni Precoci:** Esplorare i potenziali indicatori e comportamenti precoci associati alla psicopatia durante l'infanzia e l'adolescenza.

- **Interventi Precoce:** Discutere l'efficacia e le sfide degli interventi precoci e prevenzione in età giovanile.

## 12. Strategie di Coping delle Vittime:

- **Protezione Psicologica:** Approfondire le strategie che le vittime possono adottare per proteggersi psicologicamente.

- **Supporto Post-Traumatico:** Esplorare i percorsi di aiuto e supporto post-traumatico per chi ha subito manipolazioni o abusi da parte di psicopatici.

## 13. Teorie Evoluzionistiche:

- **Adattamento Evolutivo:** Esaminare la teoria secondo cui la psicopatia può rappresentare una strategia evolutiva adattativa in certi contesti.

- **Selezione Naturale:** Discutere il ruolo che la psicopatia può avere avuto nella selezione naturale e nella sopravvivenza.

**14. Psicopatia Femminile:**

- **Differenze di Genere:** Analizzare le differenze e similitudini tra psicopatia maschile e femminile.
- **Manifestazioni e Diagnosi:** Esplorare le specificità della manifestazione e della diagnosi della psicopatia nelle donne.

**15. Dimensione Culturale:**

- **Psicopatia e Cultura:** Indagare come diversi contesti culturali percepiscono e classificano la psicopatia.
- **Valori Sociali:** Esaminare la correlazione tra i valori sociali predominanti e le manifestazioni di psicopatia in diverse culture.

**16. Economia e Psicopatia:**

- **Impatto Socioeconomico:** Discutere l'impatto che la psicopatia può avere sul tessuto socio-economico di una società.
- **Etica Aziendale:** Esplorare come la psicopatia si manifesti nei leader aziendali e nelle pratiche di business.

**17. Spiritualità e Psicopatia:**

- **Assenza di Collegamento Spirituale:** Indagare il rapporto tra psicopatia e spiritualità, esplorando l'ipotesi di una loro incompatibilità.

- **Utilizzo della Religione:** Analizzare come i psicopatici possano utilizzare la religione come strumento di manipolazione.

### 18. Tecnologia e Psicopatia:

- **Cyberbullismo e Online Stalking:** Esaminare il ruolo della tecnologia nelle attività predatorie dei psicopatici.
- **Manipolazione Digitale:** Approfondire le strategie di manipolazione e inganno utilizzate online.

### 19. Militare e Psicopatia:

- **Psicopatia in Ambito Militare:** Esplorare la presenza e l'impatto di individui psicopatici nell'ambito militare.
- **Strategie e Tattiche Militari:** Analizzare come la psicopatia possa influenzare le strategie e le tattiche adottate in contesti di guerra.

### 20. Leggi e Legislazioni:

- **Dichiarazione di Imputabilità:** Esaminare il dibattito etico-legale riguardante l'imputabilità di un psicopatico.
- **Misure di Prevenzione:** Discutere le politiche e le misure legali che possono essere adottate per prevenire crimini da parte di psicopatici.

Tali argomenti possono essere scissi ulteriormente, esplorando ogni dettaglio e sottosezione con cura e meticolosità. Ad esempio, quando si esplora la psicopatia femminile, potremmo dividere ulteriormente la discussione, esaminando aspetti come la maternità, le relazioni e l'aggressività nella psicopatia femminile.

Questi punti forniscono una base su cui costruire una narrazione esaustiva e ben articolata, permettendo al lettore di navigare attraverso le molteplici dimensioni della psicopatia in maniera chiara e strutturata.

La psicopatia è una delle tematiche più discusse e complesse all'interno del panorama psicologico e criminologico, ma il suo studio si estende anche in vari ambiti quali la biologia, la sociologia, e la filosofia. L'esplorazione delle dinamiche e delle caratteristiche della psicopatia ci permette di addentrarci in una serie di discussioni e riflessioni cruciali riguardanti la natura umana, la morale, e la società in cui viviamo.

1. **Neurobiologia della Psicopatia:** La neurobiologia della psicopatia si concentra sulla comprensione delle anomalie strutturali e funzionali del cervello che possono sottendere comportamenti e caratteristiche psicopatiche. Numerosi studi hanno evidenziato anomalie in varie regioni del cervello dei psicopatici, comprese l'amigdala e il sistema limbico, che sono essenziali per la regolazione delle emozioni, la moralità e la presa di decisioni. I ricercatori sono impegnati nello svelare il modo in cui

queste irregolarità neurali si correlano con la mancanza di empatia, l'impulsività, e la tendenza alla manipolazione spesso manifestata da individui con tratti psicopatici.

2. **Empatia e Moralità nella Psicopatia:** L'empatia e la moralità sono concetti strettamente interconnessi con la psicopatia. L'apparente mancanza di empatia nei psicopatici pone domande essenziali riguardanti la loro capacità di comprendere e rispettare le norme morali. Le teorie evolutive propongono spunti interessanti a questo proposito, portando ad interrogarsi su come una apparente mancanza di valori etici e moralità possa coesistere e persino adattarsi nel contesto di una società cooperative e altruita.

3. **La Psicopatia e la Società:** Quando parliamo di psicopatia, inevitabilmente ci confrontiamo anche con questioni più ampie relative alla struttura e ai valori della società. C'è chi argomenta che certi aspetti della moderna società capitalistica, come la valorizzazione dell'individualismo e la competizione, possano in qualche modo favorire o amplificare i tratti psicopatici. Questo prospetto apre un dialogo importante sul ruolo dei valori sociali, dell'educazione, e delle istituzioni nel modellare e rispondere ai comportamenti psicopatici.

4. **Trattamento della Psicopatia:** Un altro punto focale di qualsiasi discussione sulla psicopatia dovrebbe riguardare le opzioni e le strategie di trattamento disponibili. Tradizionalmente, la psicopatia è stata considerata refrattaria al trattamento, ma nuove ricerche e approcci stanno cercando di capire come intervenire in modo efficace. È essenziale esplorare e sviluppare strategie che non solo mirino a controllare i comportamenti dannosi, ma anche a comprendere e, se possibile, rieducare il funzionamento interiore dell'individuo psicopatico.

5. **Psicopatia Subclinica:** La psicopatia subclinica si riferisce a manifestazioni di tratti psicopatici che non soddisfano pienamente i criteri diagnostici della psicopatia clinica. Esplorare le manifestazioni subcliniche e le loro implicazioni per le relazioni interpersonali, il successo lavorativo, e le dinamiche sociali può offrire una panoramica più sfumata e variegata della presenza della psicopatia nella vita quotidiana.

È fondamentale mantenere un approccio olistico e multidisciplinare quando si tratta di esplorare la psicopatia, assicurando che sia data voce a una varietà di prospettive e competenze. La psicopatia, con la sua complessità e le sue ramificazioni pervasiva, offre un terreno fertile per la discussione e la ricerca continua, spingendo gli esperti a continuare a indagare, esplorare e comprendere questa affascinante e disturbante dimensione della psiche umana.

La psicopatia, come concetto e manifestazione comportamentale, permea diversi aspetti del discorso sociale, etico e scientifico. Da decenni, gli scienziati si trovano ad affrontare l'enigma della psicopatia con una miscela di fascino e preoccupazione, cercando di districare i numerosi fili che intrecciano il comportamento psicopatico, la coscienza, e le interazioni sociali. La sfida più grande nel trattare e comprendere la psicopatia si colloca nella sua apparente contraddizione: come può un individuo comprendere perfettamente le norme sociali e morali, eppure scegliere di ignorarle o manipolarle a proprio vantaggio? Questa questione intrinseca rivela un abisso di complessità nel nostro tentativo di capire non solo la natura della psicopatia, ma anche come la società dovrebbe rispondere a questa.

**Risposte dalla Neuroscienza**

Il cervello umano, nella sua complessità, ha svelato alcune risposte sulla natura della psicopatia. Le anomalie strutturali e funzionali evidenziate da varie ricerche hanno aperto porte su come i circuiti neurali possano influenzare il comportamento psicopatico. Tuttavia, l'etica della neuroscienza entra in gioco quando ci chiediamo se le anomalie neurali possono o dovrebbero essere utilizzate come giustificazioni per il comportamento antisociale e criminale. Dove tracciamo la linea tra la responsabilità individuale e le predisposizioni biologiche?

**Empatia e Moralità**

Un altro ambito di riflessione si concentra sull'empatia o, piuttosto, sulla mancanza di essa nei soggetti psicopatici. La sottile distinzione tra la cognizione e l'affettività dell'empatia nella psicopatia pone un ulteriore dilemma: come si manifesta l'empatia in modo diverso in queste persone e come questo informa il loro comportamento moralmente deviante? La risposta a questa domanda potrebbe gettare luce su come possiamo effettivamente intervenire e creare programmi di trattamento o prevenzione più efficaci.

**Società e Norme**

La società, con le sue norme e aspettative, gioca un ruolo cruciale non solo nel modellare il comportamento, ma anche nel determinare quali comportamenti sono considerati devianti o patologici. La psicopatia, sebbene radicata in elementi biologici, è anche un prodotto di un contesto sociale. Pertanto, una riflessione critica sulla struttura e sui valori sociali che potrebbero permettere o persino incentivare i comportamenti psicopatici diventa imperativa.

## Trattamento e Intervento

Quando ci spostiamo verso il discorso sul trattamento e l'intervento, si aprono nuovi dilemmi etici e pratici. Il tradizionale approccio di etichettare i psicopatici come "inguaribili" è stato sfidato da ricerche e pratiche emergenti che esplorano modi nuovi e alternativi per affrontare il comportamento psicopatico, senza alienare ulteriormente l'individuo.

## Riflessione Finale

In ultima analisi, l'approccio verso la psicopatia richiede una comprensione multidimensionale e un'attenzione alle sfumature etiche e metodologiche. Nonostante la nostra crescente comprensione della psicopatia, ci troviamo ancora a navigare attraverso i complicati mari della mente umana, cercando di bilanciare la giustizia, la comprensione e la compassione. La sfida finale risiede nell'armonizzare la ricerca scientifica, l'etica e le pratiche sociali in modo che possano lavorare insieme per costruire un futuro in cui la psicopatia possa essere compresa e affrontata in modo più umano e efficace.

6. Controllo Mentale • Investigare le tecniche di controllo mentale e i loro effetti su individui e gruppi.

## Tecniche e Meccanismi

Il controllo mentale è un concetto ampio e potenzialmente controverso, il cui studio può spaziare da pratiche quotidiane a scenari estremi, come i culti o le tattiche di guerra psicologica. Le tecniche di controllo mentale spesso operano sfruttando la psicologia umana, manipolando credenze, emozioni e comportamenti. Ad esempio, il "lavage de cerveau" (lavaggio del cervello) può includere l'uso della coercizione, del rafforzamento positivo e negativo, della privazione sensoriale, e della creazione di dipendenze o debiti emotivi.

## Manipolazione della Realtà

Le tecniche di controllo mentale spesso mirano a manipolare la percezione della realtà dell'individuo. Creando un'illusione di realtà attraverso false narrazioni e rituale, il manipolatore può instillare credenze e comportamenti desiderati nell'individuo o nel gruppo. L'isolamento da fonti esterne di informazione e il rafforzamento delle nuove credenze attraverso la ripetizione e le ricompense/punizioni sono comuni in tali scenari.

## Effetti Sugli Individui e Gruppi

Gli effetti del controllo mentale su individui e gruppi possono essere profondi e duraturi. La paura, l'ansia, la perdita della fiducia in se stessi e negli altri, così come la formazione di credenze e comportamenti maladattivi, sono comuni tra coloro che hanno subito il controllo mentale. A livello di gruppo, il controllo mentale può portare alla formazione di identità e credenze collettive che isolano il gruppo dalla società più ampia e giustificano comportamenti dannosi o antisociali.

## Vulnerabilità e Resistenza

Un aspetto fondamentale dell'analisi si rivolge verso la comprensione di chi è più vulnerabile al controllo mentale e perché. La solitudine, il desiderio di appartenenza, la mancanza di fiducia in se stessi o la ricerca di un significato possono rendere le persone più suscettibili alle tecniche di manipolazione. Allo stesso modo, è essenziale esplorare come potenziare la resistenza al controllo mentale attraverso l'educazione critica, la consapevolezza di sé e il sostegno sociale.

## Dilemmi Etici e Legalità

Inoltre, emerge una significativa questione etica: qual è la linea tra persuasione e controllo mentale? Come possiamo difendere i diritti individuali alla libertà di pensiero e autodeterminazione in scenari che potrebbero essere legalmente ambigui? La navigazione attraverso questi dilemmi richiede un attento esame dei diritti umani, delle leggi e delle norme etiche.

## Casi Studio

Una profonda immersione in specifici casi di studio, analizzando vari scenari nei quali il controllo mentale è stato esercitato, può fornire spunti preziosi. Questo potrebbe includere l'esplorazione di culti, propaganda politica, e anche dinamiche nelle relazioni abusive per evidenziare le diverse modalità attraverso le quali il controllo mentale può manifestarsi.

## Recupero e Supporto

Infine, è di fondamentale importanza esplorare il percorso di recupero per coloro che sono stati sottoposti a controllo mentale. Quali strategie possono essere implementate per aiutare a ristrutturare le credenze di una persona e fornire un sostegno emotivo durante il difficile viaggio verso la riappropriazione della propria mente e vita?

Navigare attraverso il complesso e delicato paesaggio del controllo mentale richiede una meticolosa riflessione etica, un approccio compassionevole e una comprensione profonda dei meccanismi psicologici. Esplorare e sviscerare ogni aspetto e implicazione di questo fenomeno può non solo offrire un'illuminante introspezione ma anche porsi come una guardia contro future manipolazioni, proteggendo l'autonomia mentale degli individui e delle comunità.

## L'intersezione con la Tecnologia

Il controllo mentale guadagna nuove dimensioni nell'era della tecnologia. Il cyber-spazio diventa un fertile terreno per la semina di tecniche di manipolazione, dal momento che internet e le piattaforme dei social media possono amplificare messaggi e credenze a un ritmo senza precedenti. Esaminare il ruolo dei bot, delle notizie false, e della psicologia delle masse online diventa fondamentale per comprendere come il controllo mentale si sia evoluto nel digitale.

## Il Controllo Mentale nei Media

La rappresentazione del controllo mentale nei media, nella letteratura e nel cinema rappresenta un altro campo di indagine. Queste rappresentazioni culturali spesso riflettono e a volte esagerano le comprensioni contemporanee del fenomeno, ma al contempo possono plasmare la percezione pubblica del controllo mentale, le sue tecniche e le vittime.

## Controllo Mentale e Politica

Inoltre, il controllo mentale nei contesti politici, attraverso la propaganda, l'utilizzo di tecniche di persuasione e manipolazione delle masse, offre un ricco terreno per l'analisi. L'esplorazione di come i leader e i regimi utilizzino il controllo mentale per mantenere il potere, soffocare la dissidenza e manipolare l'opinione pubblica è cruciale per comprendere le intersezioni tra psicologia e potere.

## Abusi e Controllo Mentale

La sfera dell'abuso psicologico, in cui il controllo mentale diventa un mezzo per esercitare potere e controllo nelle relazioni personali, merita uno sguardo attento. Qui, il controllo mentale si manifesta attraverso la manipolazione, l'abuso emotivo, e la creazione di un ambiente in cui la vittima diventa dipendente dal suo abusante. Esplorare il ciclo dell'abuso e le dinamiche del potere può offrire una lente attraverso la quale osservare le microdinamiche del controllo mentale.

## Neuroscienze e Controllo Mentale

Dall'altra parte, le neuroscienze offrono ulteriori spunti di riflessione, con la possibilità di esplorare come il cervello può essere influenzato e manipolato attraverso diversi stimoli e tecniche. Approfondire come le tecniche di controllo mentale influenzino le strutture neurali e i pattern di pensiero non solo fornisce insight su come queste tecniche siano così efficaci, ma apre anche un dialogo sulla neuroetica e le implicazioni di utilizzare tali conoscenze in modo non etico.

## Sistemi di Credenze e Controllo Mentale

Un altro aspetto pertinente è l'analisi dei sistemi di credenze e di come questi possano essere strutturati per facilitare il controllo mentale. Credenze religiose, ideologiche, o filosofiche possono essere sistematicamente manipulate per creare un ambiente che giustifica e perpetua il controllo mentale, spesso attraverso il binomio paura/salvezza.

## Ripercussioni Sociali

Le ripercussioni sociali e culturali del controllo mentale rappresentano un ulteriore campo da esplorare. Osservare come le comunità siano state modellate, divise, o unite attraverso l'uso strumentale del controllo mentale può illuminare le potenti ripercussioni che tali tattiche possono avere su scala macroscopica.

La mappatura del terreno multifaccettato del controllo mentale offre svariate diramazioni e implica una navigazione attenta attraverso dilemmi etici, questioni legali, dinamiche di potere e il perpetuo bilanciamento tra individualità e collettività. La ricerca deve muoversi avanti con un senso acuto di responsabilità e consapevolezza delle profonde implicazioni umane che la materia comporta.

## Controllo Mentale e Psicologia Individuale

Il controllo mentale può svolgere un ruolo potente nell'alterare la psicologia individuale. L'esplorazione del modo in cui le tecniche di controllo mentale influenzano l'autopercezione, l'autostima e la percezione della realtà offre una prospettiva significativa. L'analisi di come un individuo viene portato a dubitare della propria realtà e percezione, un fenomeno noto come "gaslighting", può diventare un canale per indagare il delicato equilibrio tra fede nelle proprie percezioni e suscettibilità alle influenze esterne.

## Tecnologie Emergenti e Controllo Mentale

Le tecnologie emergenti, quali la realtà virtuale e l'intelligenza artificiale, presentano nuovi orizzonti per il controllo mentale. Le potenzialità e i pericoli del loro utilizzo per creare esperienze immersive e realistiche che possono essere utilizzate per manipolare percezioni e credenze, rappresentano un'arena vitale di esplorazione. La questione dell'etica nell'uso delle tecnologie emergenti per influenzare il pensiero umano diventa quindi cruciale.

## Il Ruolo dell'Educazione

L'educazione gioca un ruolo vitale nel fornire o meno gli strumenti necessari per resistere al controllo mentale. Scoprire e sottolineare l'importanza dell'educazione critica, dell'apprendimento dell'analisi dei media e delle competenze di pensiero critico può contribuire a preparare gli individui a riconoscere e, possibilmente, resistere alle tecniche di controllo mentale. La formazione può funzionare come un efficace antidoto, fornendo agli individui gli strumenti per analizzare, interrogare e sfidare i messaggi e le narrative a cui sono esposti.

**Problemi Etici e Morali**

I problemi etici e morali legati al controllo mentale sono profondi e complessi. Il diritto all'autodeterminazione, all'agire in base al proprio libero arbitrio e alla propria autonomia cognitiva è fondamentale. La questione di dove si trovi il confine tra persuasione e manipolazione, e quanto lontano sia etico andare nel cercare di influenzare le menti e i comportamenti delle persone, rappresenta una profonda area di indagine.

**Recupero e Riabilitazione**

Importante è anche il processo di recupero e riabilitazione per coloro che sono stati soggetti a controllo mentale. Comprendere come aiutare le persone a ricostruire la propria autonomia mentale, la fiducia nelle proprie percezioni e capacità decisionali, e lavorare attraverso il trauma di essere stati controllati, è un'area necessaria di studio e pratica. Qui, l'intersezione tra psicologia clinica, terapia e supporto sociale diventa fondamentale per fornire strade di ritorno verso l'autonomia.

## Case Study e Analisi Comparativa

Il controllo mentale può anche essere studiato attraverso specifici case study, che esaminano sia gli individui che i gruppi, che sono stati sia gli esecutori che i destinatari delle tecniche di controllo mentale. Attraverso un'analisi comparativa di vari casi, si possono scoprire modelli, tattiche comuni e risultati simili che possono fornire uno spaccato delle dinamiche fondamentali del controllo mentale e delle sue ripercussioni.

## Leggi e Legislazioni

La legislazione attuale e le proposte di legge riguardo al controllo mentale rappresentano un altro filone rilevante. Esaminare come le leggi nazionali e internazionali affrontino, proteggano le vittime e cercano di prevenire il controllo mentale può portare a considerazioni fondamentali sullo stato della nostra attuale comprensione e risposta a questo fenomeno. Ogni singola via d'indagine offre svariate sub-aree di ricerca e svariati quesiti etici e pratici. L'essenza multifaccettata del controllo mentale richiede un approccio metodologico diversificato e interdisciplinare, porgendo domande cruciali riguardo all'umanità, all'etica e alla società.

**Controllo Mentale: Una Riflessione Continua**

**La Filosofia del Controllo Mentale**

Il controllo mentale può essere anche studiato da una prospettiva filosofica, esplorando domande profonde riguardo alla natura della coscienza, della libertà e dell'identità. Quando la mente di una persona è sotto il controllo di un'altra, che cosa significa per il concetto di "Io"? Le idee di libero arbitrio e determinismo possono essere riconsiderate alla luce delle tecniche sofisticate di controllo mentale, gettando una luce nuova su antichi dibattiti filosofici.

**Controllo Mentale e Politica**

La politica è un altro campo in cui il controllo mentale può essere notevolmente presente e pericoloso. Gli individui e le entità utilizzano tecniche di propaganda, disinformazione, e altre forme di manipolazione per influenzare le percezioni e i comportamenti delle masse. La democrazia, in particolare, è vulnerabile agli attacchi al libero pensiero e al consenso informato, diventando un fertile terreno di studio per gli effetti del controllo mentale a livello macroscopico.

**La Psicologia del Controllo Mentale**

Dal punto di vista psicologico, le tecniche di controllo mentale possono essere disgregate e analizzate per comprendere quali aspetti della psiche umana sono più vulnerabili alla manipolazione. Questo include l'esame di bisogni umani fondamentali come appartenenza, approvazione e sicurezza, e come questi possono essere sfruttati per guadagnare influenza indebita sul pensiero e sul comportamento di un individuo o di un gruppo.

## Controllo Mentale nei Media

Esaminare il ruolo che i media giocano nel facilitare il controllo mentale fornisce intuizioni su come le narrazioni vengano create e perpetuate a livello sociale e culturale. Analizzare come le notizie, i film, i programmi televisivi e i social media vengano utilizzati, sia intenzionalmente che non, per modellare le credenze e i comportamenti degli individui offre una lente attraverso cui esplorare la permeabilità della psiche umana alle influenze esterne.

## Il Controllo Mentale nel Contesto Sociale e Culturale

Anche il tessuto stesso delle società e delle culture può essere esaminato sotto la lente del controllo mentale, poiché le norme sociali, le aspettative culturali e i tabù possono tutti funzionare come forme di controllo mentale, guidando e limitando il comportamento accettabile e il pensiero permesso. Qui, le questioni di conformità, devianza e resistenza diventano centrali, fornendo un ampio spazio per l'indagine e la riflessione.

## Controllo Mentale e Religione

La religione, con le sue forti componenti di credenza, fiducia e obbedienza a un'autorità superiore, può essere esplorata come un mezzo attraverso il quale il controllo mentale è stato esercitato storicamente. Analizzare come le credenze religiose possono essere utilizzate per giustificare e perpetuare il controllo mentale e come gli individui e i gruppi possano utilizzare il contesto religioso come mezzo per esercitare il potere su altri rappresenta un dominio ricco di complessità e sfumature.

## Contro-misure al Controllo Mentale

Infine, esplorare le contro-misure e le resistenze al controllo mentale rappresenta un'area vitale. L'empowerment individuale e collettivo, le strategie di resilienza e resistenza, e i metodi per riconoscere e contrattaccare le tentazioni di controllo mentale diventano particolarmente pertinenti. Comprendere come equipaggiare gli individui e le comunità con le competenze e le conoscenze per riconoscere e resistere al controllo mentale è tanto essenziale quanto comprendere le tecniche di controllo stesse.

La connessione tra questi ambiti e la tessitura di essi in una narrazione coerente e integrata fornirà un quadro robusto e multidimensionale del controllo mentale, esplorando le sue molteplici facce, applicazioni, e implicazioni attraverso varie lenti e contesti.

## Controllo Mentale: Conclusione Dettagliata

La trama densa e spesso impercettibile del controllo mentale si snoda attraverso le pagine della storia umana, manifestandosi in forme sottili e manifeste, pervadendo i diversi aspetti della società, dalle relazioni interpersonali alle strutture politiche e culturali su larga scala. L'intricata rete di influenze, manipolazioni e costruzioni della realtà, e come queste si manifestano e permeano le vite degli individui e delle collettività, necessita di una sviscerazione meticolosa e di una navigazione accurata attraverso le profondità della psicologia umana e della società.

Riflessioni Finali sulla Psiche Umana

La psiche umana, con le sue complessità, vulnerabilità e resistenze, emerge come un terreno fertile per l'instaurazione di varie forme di controllo mentale. Ogni individuo, pur essendo dotato di un proprio senso di autonomia e libero arbitrio, è suscettibile di essere guidato, modellato e persino schiavizzato attraverso meccanismi sofisticati che giocano su bisogni fondamentali, paure e desideri. La cognizione delle proprie vulnerabilità e la consapevolezza delle strategie e delle tattiche di controllo mentale possono armare l'individuo con gli strumenti necessari per resistere e contrapporsi a tali influenze.

La Presenza Pervasiva del Controllo nella Società
Le società si erigono spesso su strutture implicitamente coercitive, dove il controllo mentale non si manifesta semplicemente come un atto diretto e consapevole di manipolazione, ma piuttosto come un insieme di norme, credenze e strutture che modellano e delimitano pensieri e comportamenti accettabili. Il controllo mentale si insinua nei meandri della cultura, delle istituzioni e delle relazioni, tessendo una trama che a volte può essere quasi invisibile e, in altri casi, palesemente oppressiva.

Implicazioni Etiche e Morali del Controllo Mentale
Le questioni etiche e morali del controllo mentale risonano profondamente nel dialogo su potere, autorità e autonomia. Chi detiene il potere di modellare le menti e i comportamenti, e a quali fini, solleva critiche questioni riguardanti la moralità delle azioni intraprese e l'etica della manipolazione della coscienza altrui. La ricerca di un equilibrio tra la guida della società verso obiettivi comuni e la preservazione dell'autonomia individuale e collettiva svela un

campo minato etico che richiede una navigazione attenta e ponderata.

Sfide Future e Cammini Prospettici

Nel contesto contemporaneo, dove le tecnologie digitali e i big data si fondono per creare strumenti ancora più potenti di influenzamento e modellamento delle percezioni e dei comportamenti, la società si trova ad affrontare sfide senza precedenti nel garantire l'integrità del pensiero individuale e collettivo. La battaglia futura potrebbe ben vedere una crescente tensione tra i tentativi di manipolare le menti e le anime su un piano mai visto prima e gli sforzi per salvaguardare la libertà di pensiero, espressione e azione.

Il viaggio attraverso i sentieri del controllo mentale si svolge, quindi, non solo attraverso la comprensione dei meccanismi stessi ma anche attraverso una rigorosa esplorazione delle difese, delle resistenze e delle rivoluzioni contro tali pratiche. Il controllo mentale, con le sue radici profonde e i suoi rami pervasivi, non è solo una questione di singoli episodi di manipolazione, ma una storia intricata e continua della lotta per la libertà della mente umana contro le catene invisibili che cercano di soggiogarla.

7. Comportamento Sadico • Esaminare le radici e le manifestazioni del comportamento sadico.

## Comportamento Sadico: Una Profonda Esplorazione

Il comportamento sadico rappresenta una delle espressioni più oscure e tormentate della psicologia umana. Per analizzare tale comportamento, è fondamentale esplorare il contesto in cui nasce e si sviluppa, cercando di comprendere come e perché esso emerja e quali implicazioni abbia per gli individui e per la società nel suo complesso.

Origini Psicologiche del Sadismo

Il sadismo, definito come il derivare piacere dal dolore altrui, ha radici che possono affondare in una complessa mescolanza di fattori psicologici, ambientali e, possibilmente, biologici. Gli psicologi hanno spesso esaminato come l'infanzia e le esperienze adolescenziali, specialmente quelle impregnate di violenza, negligenza o abuso, possano contribuire allo sviluppo di tratti sadici nella personalità adulta. Oltre a ciò, i fattori biologici e genetici non possono essere trascurati, anche se il loro ruolo è ancora oggetto di intenso dibattito e ricerca.

Le Manifestazioni del Comportamento Sadico

Il comportamento sadico può manifestarsi in modi sottili o espliciti, dall'umiliazione verbale e psicologica alla violenza fisica estrema. Non si limita a contesti specifici e può pervadere diversi ambiti della vita quotidiana, dalle relazioni personali e di coppia fino agli ambienti lavorativi e sociali. L'individuo sadico non solo infligge dolore ma trova in questo un particolare piacere, un'energia che spesso nasce dal senso di potere e controllo che proviene dall'esercitare un'influenza dolorosa sull'altro.

Il Sadismo e le Relazioni Interpersonali

In un contesto relazionale, il comportamento sadico può essere particolarmente devastante, erodendo la fiducia, la sicurezza e il benessere delle persone coinvolte. Le vittime di sadismo spesso vivono esperienze di ansia, paura e possono sviluppare disturbi correlati allo stress. In una dinamica di coppia, ad esempio, un partner sadico può utilizzare una varietà di tattiche, come la manipolazione emotiva, l'umiliazione e la violenza, per dominare e controllare l'altro, causando un danno psicologico profondo e duraturo.

Implicazioni Sociali e Culturali

Dal punto di vista socioculturale, il comportamento sadico può essere amplificato e esacerbato dai media, dalla politica, e da altre strutture sociali. Può diventare parte integrante delle strutture di potere, dove l'oppressione e la sofferenza degli altri diventano strumenti per mantenere e rafforzare posizioni dominanti. In alcuni contesti storici e politici, il sadismo è stato addirittura istituzionalizzato, dando vita a regimi tirannici e a politiche di stato violente e oppressive.

Sfide Terapeutiche e la Ricerca di Soluzioni Affrontare e gestire il comportamento sadico, specialmente in un contesto terapeutico, può rappresentare una sfida imponente. Il percorso verso la comprensione e la modificazione di tali comportamenti coinvolge non solo il lavorare attraverso le potenziali origini e i trigger del sadismo ma anche lo sviluppo di strategie che possono aiutare l'individuo a gestire e reindirizzare gli impulsi sadici in modi meno nocivi. Questo può includere il lavoro su empatia, competenze sociali, e la gestione della rabbia.

Il comportamento sadico, con le sue radici oscure e le sue manifestazioni distruttive, svela la necessità di approfondite indagini, comprensione e interventi nella sfera della psicologia umana e delle relazioni interpersonali, invitando alla riflessione sulla natura del dolore, del potere e dell'umanità.

L'esplorazione del comportamento sadico ci trascina ulteriormente in un abisso di complessità e di ambiguità morale, dove i confini tra piacere e dolore, tra il desiderio di dominio e la vulnerabilità, si intrecciano in una tela spesso difficile da districare.

**Le Teorie Psicologiche Dietro il Sadismo**

Numerose teorie psicologiche cercano di gettare luce sulle profondità oscure del sadismo. Ad esempio, alcune teorie psicodinamiche puntano il dito verso meccanismi di difesa distorti, sottolineando come il bisogno di infliggere dolore possa scaturire da una propria sofferenza interiore non risolta. Questa prospettiva suggerisce che il sadismo possa rappresentare una sorta di rivincita, un modo per ristabilire un senso di controllo perso a causa di traumi o esperienze avverse vissute.

**Il Sadismo Oltre l'Individuo: Un Fenomeno Sociale**

Il sadismo non è isolato solo all'individuo ma permea anche la società, creando dinamiche di gruppo tese e pericolose. Esso può materializzarsi in diverse forme, come il bullismo, il mobbing, o addirittura in fenomeni di massa, come il sadismo collettivo, dove gruppi di individui collaborano attivamente per infliggere sofferenza ad altri, trovando una sorta di legittimazione e rafforzamento della loro crudeltà nella condivisione con gli altri.

**La Bioetica e il Sadismo**

Inoltre, un altro aspetto che può essere cruciale da esplorare è la questione bioetica associata al comportamento sadico. La ricerca scientifica sulla biologia del dolore e del piacere, e su come queste esperienze possano essere manipolate, conduce inevitabilmente verso domande etiche scomode. Cosa significa per la società che certi individui trovino piacere nel dolore altrui? E in che modo il sapere scientifico può contribuire a comprendere, e magari anche a mitigare, tali comportamenti senza scivolare in terreni moralmente pericolosi?

**Il Sadismo nella Cultura Popolare**

È anche interessante notare il modo in cui il sadismo viene rappresentato e spesso anche romantizzato nella cultura popolare e nei media. Nei film, nei libri e nelle serie TV, i personaggi sadici sono spesso affascinanti, dotati di un certo carisma oscuro che attrae e repelle allo stesso tempo. Questo ci costringe a confrontarci con la dualità della natura umana e con il fascino esercitato dall'abissale e dal proibito.

**Sadismo e Sesso**

La sessualità è un altro terreno su cui il sadismo trova una potente e controversa espressione. Pratiche BDSM, che includono vari gradi di dominazione e sottomissione, dolore e umiliazione, sono consensuali e spesso separate da contesti non sessuali da chiare regole e confini. Tuttavia, quando le dinamiche sadiche superano i confini del consenso e della sicurezza,

si entrano in territori pericolosi e dannosi,
soprattutto quando il piacere sessuale è
indissolubilmente legato al bisogno di degradare
o danneggiare l'altro.

**La Spiritualità Confrontata col Sadismo**

Un ulteriore aspetto da esplorare potrebbe essere
il rapporto tra sadismo e spiritualità. Come
gestiscono le diverse tradizioni religiose e
spirituali il concetto di infliggere dolore agli altri?
Come viene affrontato il desiderio di dominio e
controllo nell'altro? E come le pratiche spirituali
possono essere utilizzate, o talvolta abusate, per
navigare, giustificare o anche amplificare
comportamenti sadici?

Navigare attraverso la complessità del
comportamento sadico, considerando i molteplici
strati e le sfaccettature che lo compongono,
permette non solo di sondare gli abissi della
psiche umana, ma anche di esplorare la società,
la cultura, la moralità e l'etica sotto una lente
critica e analitica, gettando luce su quelle parti di
noi che spesso preferiamo lasciare nell'ombra.

**Sadismo e Potere**

Il rapporto tra sadismo e potere è un altro ambito
degno di un'indagine accurata. L'esercizio del
potere può spesso contenere elementi di crudeltà
e desiderio di dominare l'altro. Sia in contesti
politici che organizzativi, il sadismo può

emergere in figure autoritarie, che utilizzano il loro status e il loro controllo per sottomettere gli altri, sfruttando la paura e il dolore come strumenti per mantenere e consolidare il loro dominio.

## Psicologia Evoluzionistica e Sadismo

Esplorando il sadismo attraverso la lente della psicologia evoluzionistica, emergono interrogativi intriganti riguardo al motivo per cui comportamenti apparentemente contrari alla coesione sociale e al benessere comune, come il godimento nel causare dolore, potrebbero essersi sviluppati e mantenuti nel repertorio comportamentale umano. Esiste forse un vantaggio evolutivo celato dietro la capacità di infliggere sofferenza senza rimorso o, addirittura, con piacere?

## Sadismo e Neuroscienze

Le neuroscienze offrono un'altra interessante prospettiva, esaminando i meccanismi cerebrali che sottendono al piacere derivante dall'infliggere dolore. La comprensione di quali aree del cervello siano coinvolte, come operino e interagiscano tra loro, e come i circuiti cerebrali relativi al piacere e al dolore siano connessi al comportamento sadico, offre una profonda intuizione su come tali comportamenti siano radicati nella biologia umana.

**Il Sadismo nei Contesti Virtuali**

Il mondo virtuale e la realtà aumentata offrono nuovi scenari in cui il sadismo può esprimersi in modi inediti e spesso sconcertanti. Il cyberbullismo e la presenza di comportamenti online violenti e degradanti rappresentano un'estensione del desiderio di infliggere dolore nell'ambiente digitale. Esaminare il sadismo in questi contesti consente di riflettere su come la tecnologia possa amplificare, modulare, o addirittura reinventare le espressioni di crudeltà umana.

**Filosofia del Sadismo**

Il sadismo può essere esaminato anche sotto un aspetto filosofico, interrogandosi sui concetti di bene e male, su cosa spinga l'essere umano a cercare piacere nel dolore altrui e su come la società dovrebbe gestire e rispondere a questi comportamenti. Approcci filosofici come l'utilitarismo, il deontologismo, o la filosofia dell'essere potrebbero offrire prospettive ricche e poliedriche sulle razionalizzazioni e giustificazioni del comportamento sadico.

**Legame tra Sadismo e Altri Disturbi Psicologici**

Un'altra fascinante area di esplorazione riguarda il collegamento tra il sadismo e altri disturbi psicologici. Il sadismo potrebbe, in alcuni casi, essere manifestazione o sintomo di altri disturbi di personalità o psicopatologici? E come il trattamento di questi ultimi potrebbe influenzare la propensione ai comportamenti sadici?

## Politica e Sadismo

Anche nel campo della politica, il sadismo trova un terreno fertile, esprimendosi attraverso la brutalità degli apparati repressivi, la tortura e il trattamento degradante dei dissidenti e dei nemici. Analizzare il sadismo politico implica esaminare come il desiderio di infliggere dolore si intrecci con l'ideologia e il potere, e in che modo esso sia utilizzato per instaurare un clima di paura e sottomissione.

Continuando a sviscerare questi ed altri aspetti del comportamento sadico, appare evidente come esso sia profondamente intrecciato con numerosi aspetti della natura umana e della società. Questa esplorazione fornisce non solo una comprensione più profonda dell'ombra umana, ma offre anche strumenti per riflettere su come gestire e integrare tali aspetti in modo sano e costruttivo all'interno del tessuto sociale.

## Sadismo e Cultura

Esplorare il sadismo attraverso la lente della cultura permette di scrutare come differenti società e comunità interpretano, sanciscono o, in alcuni casi, ritualizzano il comportamento sadico. Ogni cultura, con i suoi miti, le sue storie e le sue pratiche, può fornire contesti unici in cui il sadismo è manifestato e compreso in modi peculiari. Ad esempio, all'interno di alcune sottoculture, il sadismo può essere canalizzato in pratiche sessuali consensuali e rituali, mentre in altri contesti culturali, può essere espressamente proibito e severamente punito.

## Arte e Sadismo

L'arte, sotto molte forme, ha spesso esplorato i recessi oscuri della psiche umana, incluso il sadismo. La letteratura, il cinema, la pittura e altre espressioni artistiche hanno rappresentato la crudeltà e il piacere nel dolore in molteplici modi, riflettendo su come la società veda e processi questi comportamenti. Analizzare come il sadismo è stato rappresentato, sia come atto di condanna che di esplorazione del lato oscuro dell'umanità, offre uno spaccato interessante su come queste pulsioni siano percepite e interiorizzate.

## Sadismo e Religione

Alcune correnti religiose e pratiche spirituali hanno affrontato il concetto di sadismo in modi unici e a volte paradossali. Da un lato, vi sono credenze e pratiche che condannano severamente atti di crudeltà e sadismo, mentre da un altro, esistono riti e mitologie che incorporano elementi di sofferenza e sacrificio, a volte persino celebrando divinità o entità caratterizzate da tratti sadici. Approfondire questi aspetti potrebbe offrire un'ulteriore comprensione su come il sadismo sia intrecciato con il sacro e il profano.

## Etica e Sadismo

Il discorso etico riguardo al sadismo abbraccia domande fondamentali su moralità, diritti umani e la natura intrinseca del bene e del male. Con quale fondamento etico possiamo condannare il sadismo? Come può la società eticamente affrontare e gestire individui che esprimono comportamenti sadici, e come possiamo conciliare il desiderio di proteggere la comunità senza scadere noi stessi in atti di crudeltà punitiva?

## Psicologia dello Sviluppo e Sadismo

Una lente di ingrandimento sulla psicologia dello sviluppo può svelare aspetti cruciali su come e quando i comportamenti sadici possano manifestarsi durante le varie fasi della crescita. Come si sviluppa il sadismo nei bambini? Quali fattori possono attenuare o esacerbare tali tendenze? E come l'educazione e l'ambiente socio-familiare influenzano la manifestazione di tali comportamenti?

## Sadismo e Giustizia

Il sistema giuridico e penale si trova spesso a gestire individui che hanno perpetrato atti di sadismo. Analizzare come la legge classifica, giudica e gestisce il sadismo, e in che modo le pene e le pratiche di riabilitazione affrontano questi comportamenti, può fornire un'illuminante prospettiva su come la società cerca di bilanciare giustizia, protezione e redenzione.

## Sadismo e Medicina

Infine, la medicina, e in particolare la psichiatria e la neurologia, offrono un terreno fertile per esplorare il sadismo. Studiare le alterazioni neurologiche, gli squilibri chimici o le lesioni che possono contribuire al comportamento sadico, o esaminare come tali tendenze possano essere modulate o trattate con interventi farmacologici o terapeutici, amplia ulteriormente la comprensione dell'intricato mosaico che forma il comportamento sadico.

Queste diverse sfumature e approcci alla comprensione del sadismo offrono un viaggio attraverso i vari modi in cui l'umanità ha cercato di comprendere, rappresentare e gestire il desiderio di infliggere dolore. E, come in ogni esplorazione del lato oscuro della psiche, ciò offre anche uno specchio in cui riflettere su chi siamo, su cosa ci spaventa e su come possiamo navigare tra le acque, a volte turbolente, della natura umana.

## Sadismo e Tecnologia

Con l'avanzare della tecnologia e l'aumentare della sua presenza nelle vite quotidiane, emergono nuove sfaccettature del sadismo, specialmente nell'ambito dell'interazione digitale. Il cyberbullying e il trolling online, spesso espressioni di una forma di sadismo virtuale, hanno ampliato gli orizzonti dello studio del comportamento crudelmente aggressivo. Esaminare la relazione tra la tecnologia, i social media e il sadismo permette di esplorare come questi nuovi spazi virtuali siano diventati teatri per atti di crudeltà, e in che modo la distanza percettiva creata dallo schermo influenzi la disinibizione delle pulsioni sadiche.

## Sadismo e Teoria della Mente

Approfondire il sadismo dal punto di vista della teoria della mente implica esplorare come gli individui sadici percepiscano e interpretino le esperienze emotive altrui. C'è una consapevolezza emotiva che si scontra con un'indifferenza deliberata o una gioia nell'infliction del dolore? Studiare in che modo il sadismo si intrecci con la capacità di comprendere e interpretare le emozioni altrui potrebbe svelare dinamiche fondamentali riguardo alla mancanza di empatia o alla perversione di questa in qualcosa di malevolo.

**Sadismo, Trauma e Resilienza**

Esplorare le intersezioni tra esperienze traumatiche, lo sviluppo del comportamento sadico e la resilienza psicologica può offrire intuizioni cruciale sul modo in cui il dolore personale può trasformarsi in un desiderio di infliggere dolore agli altri. Il dolore e il trauma sono sempre precursori del sadismo o esistono percorsi che canalizzano queste esperienze dolorose in direzioni diverse? Allo stesso tempo, come la resilienza psicologica modula o protegge dalle manifestazioni di sadismo?

**Sadismo e Cultura di Genere**

Analizzare il sadismo attraverso la lente della cultura di genere consente di esplorare come le norme e le aspettative legate al genere influenzino l'espressione del sadismo. Il sadismo si manifesta in modo diverso tra generi diversi? Come le aspettative culturali e sociali legate al maschile e al femminile facilitano o inibiscono la manifestazione del sadismo? E come il sadismo è utilizzato per esercitare potere e controllo nei contesti legati al genere?

**Sadismo e Gruppo**

Esplorare il sadismo all'interno dei contesti di gruppo e delle dinamiche di massa apre un ventaglio di questioni riguardanti la responsabilità, l'anomia e la crudeltà collettiva. Come si manifesta il sadismo all'interno di un gruppo? In che modo la mentalità di gruppo amplifica o attenua i comportamenti sadici? E quali sono i meccanismi psicologici che permettono agli individui di giustificare o negare atti di crudeltà quando perpetrati all'interno di un collettivo?

**Sadismo, Sexualità e Intimità**

Esplorando il ruolo del sadismo all'interno delle relazioni intime e sessuali, emerge un campo intricato di dinamiche di potere, vulnerabilità e confini. Come il sadismo si esprime e si negozia all'interno delle dinamiche sessuali e romantiche? In che modo le pulsioni sadiche influenzano le relazioni e la reciprocità emotiva all'interno delle stesse?

**Sadismo e Cultura Pop**

Il sadismo permea anche la cultura popolare e il divertimento di massa, presentando un terreno fertile per esplorare come la società, in modo talvolta contraddittorio, condanni e al tempo stesso consumi rappresentazioni di crudeltà e violenza. In che modo il sadismo è rappresentato nei media e nell'intrattenimento? E come queste rappresentazioni influenzano la percezione sociale del sadismo e delle sue vittime? Esplorando questi diversi ambiti e le loro reciproche intersezioni, il sadismo si svela non solo come un fenomeno individuale, ma come un costrutto psicologico, sociale e culturale che è intrecciato con numerose sfaccettature dell'esperienza umana e della società. Ogni angolo da cui osserviamo il sadismo ci offre un diverso spettro di comprensioni e sfide, invitandoci a navigare attraverso le complessità etiche, psicologiche e sociali che circondano il desiderio di infliggere dolore negli altri.

## Conclusione: Disvelare il Sadismo

L'esplorazione del sadismo, nelle sue diverse manifestazioni e attraverso i vari prismi culturali, psicologici e sociali, ci immerge in una delle aree più oscure e provocatorie della psiche umana. La comprensione del desiderio di infliggere dolore, e le molteplici maniere attraverso le quali tale desiderio può essere espresso e vissuto, ci svela non solo la complessità della condizione umana, ma anche i paradossi etici e morali che si annidano nel nostro agire e nel nostro costruire sociale.

Navigando attraverso il contesto della tecnologia, il sadismo rivela il suo volto nello spazio virtuale, illustrando quanto le dinamiche di potere, dominazione e crudeltà possano travalicare i confini del fisico, manifestandosi in maniere altrettanto concrete e devastanti nell'ambiente digitale. La considerazione del sadismo all'interno della teoria della mente, invece, ci pone davanti all'enigma della cognizione empatica perversa, e alla tensione tra la comprensione dell'altro e il desiderio di sottometterlo.

Inoltre, l'analisi del sadismo nei contesti di trauma e resilienza ci porta ad attraversare il labirinto del dolore umano, esplorando le vie misteriose attraverso le quali il dolore personale può essere tramutato in una forza distruttiva diretta verso l'esterno. Al contempo, esaminare il sadismo attraverso la lente del genere ci pone di fronte agli intrecci tra potere, dominazione e identità sessuale, portandoci a riflettere su come le dinamiche di genere possano sia contenere che esacerbare gli impulsi sadici.

Sondare il sadismo nel contesto delle dinamiche di gruppo ci proietta nel cuore delle tenebre della psicologia di massa, permettendoci di scrutare nelle ombre di quei meccanismi che consentono la delega e la dissoluzione della responsabilità etica e morale all'interno del collettivo. Esplorare il sadismo all'interno della sfera intima e sessuale ci porta, invece, a navigare nelle acque turbolente delle relazioni umane, dove il desiderio, il potere e la vulnerabilità si intrecciano in un tango perpetuo e complesso.

Infine, la considerazione del sadismo all'interno della cultura popolare ci immerge nella complessità della nostra relazione con la violenza e la crudeltà come forma di intrattenimento e consumo culturale, esplorando il paradosso di una società che simultaneamente rifiuta e desidera rappresentazioni del dolore e della dominazione.

Ciascuna di queste esplorazioni non solo ci svela i molteplici volti del sadismo ma ci pone anche davanti a questioni fondamentali riguardanti la natura umana, la società e la cultura. L'indagine sul sadismo ci invita a sondare le profondità della nostra ombra collettiva, a guardare negli occhi le nostre pulsioni più oscure, e ad affrontare le sfide etiche e morali che emergono nell'atto di comprendere, condannare, o navigare, le acque scure del desiderio di infliggere dolore. Esso ci spinge, in ultima analisi, a riflettere non solo su chi siamo come individui, ma anche su chi siamo e chi vogliamo essere come società e come cultura, e su come possiamo navigare il terreno complesso e spesso contraddittorio che intercorre tra il comprendere e il giudicare le tenebre presenti all'interno di noi stessi e degli altri.

8. Abuso Emotivo • Studiare come avviene l'abuso emotivo e quali sono le sue conseguenze a lungo termine.

## Abuso Emotivo: Esplorazione di un Dolore Silente

### Prologo: L'Abuso Invisibile

L'abuso emotivo, spesso subdolo e non fisicamente manifesto, costituisce una delle forme di maltrattamento più insidiose e pervasive. È un fenomeno che può insinuarsi nelle dinamiche relazionali in modo sottile, spesso sfuggendo alla percezione diretta delle vittime e degli osservatori esterni. Molto spesso, il tormento inflitto non lascia cicatrici visibili, ma permea la psiche della vittima, erodendo la fiducia in sé stessi, la stima di sé e la capacità di formare relazioni sane e costruttive.

### Espressioni di Abuso Emotivo

Gli abusi emotivi possono manifestarsi in varie forme: umiliazione, deprezzamento, manipolazione affettiva, isolamento, rifiuto e negazione dell'affetto sono solo alcune delle modalità attraverso le quali si esprime questa forma subdola di violenza psicologica. Esso può avvenire in qualsiasi tipo di relazione: familiare, sentimentale, lavorativa, e può assumere caratteristiche peculiari a seconda del contesto in cui avviene.

## Conseguenze Psicologiche e Comportamentali

Le vittime di abuso emotivo possono sperimentare una miriade di conseguenze psicologiche e comportamentali. Tra queste, ansia, depressione, disturbi alimentari, problemi di autostima, difficoltà nelle relazioni interpersonali e, in alcuni casi, perfino tendenze autolesionistiche o suicidarie. Le conseguenze a lungo termine dell'abuso emotivo possono persistere anche quando la vittima ha allontanato l'abusat*ore dalla propria vita, dando forma a schemi comportamentali e modalità relazionali disfunzionali che possono protrarsi per anni se non adeguatamente affrontate e trattate.

## Risvolti Sociali e Culturali

L'abuso emotivo può essere anche influenzato e, in alcuni casi, exacerbato, da norme e dinamiche culturali e sociali. Ad esempio, in alcune culture o contesti sociali, l'abuso emotivo può essere normalizzato o minimizzato, contribuendo a perpetuare il silenzio e l'impunità che spesso circonda questa forma di maltrattamento. La società gioca un ruolo chiave nell'attenuare o rafforzare gli effetti dell'abuso emotivo, in quanto le sue norme, aspettative e pregiudizi influenzano direttamente la percezione dell'abuso, le risposte ad esso e le risorse disponibili per le vittime.

**Sistemi di Supporto e Recupero**

Esplorare i percorsi attraverso i quali le vittime di abuso emotivo cercano e ricevono supporto, così come gli ostacoli che possono incontrare lungo la via, è essenziale per comprendere il contesto più ampio in cui l'abuso emotivo si verifica e persiste. Oltre a ciò, è fondamentale esaminare le strategie terapeutiche e di supporto che possono facilitare il recupero e la guarigione dalle ferite dell'abuso emotivo, e che possono aiutare le vittime a ricostruire la propria vita e il proprio senso di sé.

**Conclusione: Rompere il Silenzio, Costruire la Resilienza**

Al culmine della nostra esplorazione sull'abuso emotivo, ci troviamo di fronte a una dualità inquietante: la silenziosa pervasività dell'abuso e l'innegabile forza che si scatena quando il silenzio viene rotto. La comprensione, riconoscimento e validazione dell'abuso emotivo costituiscono il primo, fondamentale passo verso la rottura di un ciclo di dolore e verso l'abilitazione di percorsi di guarigione e resilienza. Esaminando le storie di coloro che hanno vissuto, sopravvissuto e trionfato sull'abuso emotivo, possiamo cercare di delineare un cammino che non solo conduce fuori dall'ombra dell'abuso, ma che anche incoraggia la ricostruzione, il recupero e, alla fine, la rigenerazione delle vite segnate da questa dolorosa esperienza.

## 1. Dinamiche Relazionali e Abuso Emotivo

L'abuso emotivo, spesso, si insinua nelle dinamiche relazionali attraverso un processo graduale e subdolo, in cui l'abusat*ore introduce lentamente comportamenti tossici e manipolativi. Gli abusi emotivi possono essere ancor più dannosi quando mascherati da gesti d'amore o preoccupazione, creando un labirinto emotivo in cui la vittima può perdersi, miscredendo la propria percezione e dubitando della propria esperienza. Le relazioni, che dovrebbero essere fonti di supporto e amore, diventano così terreno fertile per l'inseminazione di insicurezze, paura e dolori.

## 2. Abuso Emotivo e Trauma

Il trauma psicologico che deriva dall'abuso emotivo è profondo e genera un impatto duraturo sulla vittima. Ciò avviene perché l'abuso emotivo può scardinare la fiducia fondamentale nell'amore, nella sicurezza e nell'affidabilità degli altri. Inoltre, il trauma può manifestarsi in diversi modi, compresi il disturbo post-traumatico da stress (PTSD), l'ansia cronica, e i disturbi dell'umore, che possono continuare ad influenzare la vittima anche a distanza di tempo e in assenza dell'abusante.

## 3. Risvolti Neurobiologici dell'Abuso Emotivo

Le ferite psicologiche derivanti dall'abuso emotivo non sono meramente concettuali, ma hanno una base neurobiologica tangibile. La ricerca mostra che l'abuso emotivo può alterare la struttura e il funzionamento del cervello, in particolare nelle aree responsabili della regolazione delle emozioni, della memoria e della risposta allo stress. Questi cambiamenti neurobiologici possono spiegare alcune delle difficoltà cognitive ed emotive che le vittime di abuso emotivo spesso incontrano, come problemi di concentrazione, ipervigilanza e una maggiore predisposizione all'ansia e alla depressione.

## 4. Profili degli Abusanti Emotivi

Mentre la focalizzazione sulle esperienze delle vittime è essenziale, è anche cruciale esplorare i profili e le motivazioni degli abusanti emotivi. Spesso, gli abusanti possono aver vissuto essi stessi esperienze di abuso o negligenza e replicano tali schemi comportamentali nelle loro relazioni adulte. Comprendere le radici del comportamento abusivo non è un tentativo di giustificarlo, ma piuttosto un mezzo per delineare strategie efficaci di prevenzione e intervento.

## 5. Intersezionalità dell'Abuso Emotivo

Esaminare l'abuso emotivo attraverso una lente intersezionale significa riconoscere come vari fattori, tra cui genere, età, status socioeconomico, razza e orientamento sessuale, possano influenzare l'esperienza dell'abuso. Diverse intersezioni di identità possono esporre gli individui a vulnerabilità uniche e sfide specifiche nel cercare supporto e giustizia, e questo aspetto deve essere accuratamente esplorato per fornire un quadro completo e inclusivo dell'abuso emotivo.

## 6. Aspetti Legalici e Sociali

Gli aspetti legali dell'abuso emotivo rappresentano un terreno complicato, poiché l'abuso emotivo può essere difficilmente riconoscibile e dimostrabile dal punto di vista legale. Spesso, la società tende a minimizzare l'abuso emotivo a causa della sua natura non fisica e invisibile, rappresentando una barriera significativa per le vittime che cercano giustizia e protezione. Esplorare le sfide legali e gli ostacoli sociali attraverso analisi dettagliate e casistiche specifiche può offrire uno sguardo approfondito sulle battaglie che le vittime di abuso emotivo spesso affrontano oltre la sfera personale.

## 7. La Prevenzione come Strategia

Analizzare strategie e programmi di prevenzione si rivela cruciale per contrastare l'abuso emotivo alla radice. Ciò include l'educazione alle relazioni sane fin dalla giovane età, programmi di formazione per i professionisti che lavorano con potenziali vittime e abusanti, e la creazione di spazi sicuri dove sia possibile discutere apertamente di abuso emotivo e ottenere supporto.

## 8. Casistiche e Testimonianze

Infine, arricchire l'analisi con storie reali, casistiche dettagliate e testimonianze dirette delle vittime può fornire non solo un contesto applicativo per la teoria e la ricerca, ma anche un potente strumento empatico per sensibilizzare il lettore sulla realtà tangibile e spesso sconvolgente dell'abuso emotivo.

## In Continua Esplorazione...

L'abuso emotivo si ramifica in numerose direzioni, implicando la necessità di una continua esplorazione e di un dialogo aperto e costante, per portare alla luce ogni sfumatura di questo fenomeno oscuro e complesso, contribuendo così a costruire un ponte verso la comprensione, l'intervento e, in ultima istanza, la guarigione.

## 9. Cicli di Abuso Emotivo e Dinamiche di Potere

In relazioni caratterizzate da abuso emotivo, è essenziale esplorare i cicli che mantengono tali dinamiche in atto. La reciprocità negativa, ossia l'alternanza tra fasi di tensione e momenti di apparente tranquillità, svolge un ruolo centrale nell'ancorare le vittime in un vortice di confusione e speranza. L'abusante, spesso, alterna momenti di crudeltà a fasi di apparente gentilezza o normalità, mantenendo la vittima in uno stato di perenne insicurezza e dipendenza emotiva.

## 10. Ripercussioni sulla Salute Fisica

Mentre si sottolinea l'impact dell'abuso emotivo sulla psiche, è ugualmente fondamentale considerare le sue ripercussioni sulla salute fisica delle vittime. Stress cronico, insonnia, problemi alimentari e altre condizioni mediche possono emergere a seguito di un periodo prolungato di abuso emotivo. L'esame della correlazione tra mente e corpo nella cornice dell'abuso consente di esplorare come il dolore psicologico si manifesti a livello somatico.

## 11. Interventi Psicologici e Supporto alle Vittime

La psicologia offre una varietà di approcci e strumenti per intervenire in contesti di abuso emotivo, e ciò merita un'investigazione approfondita. Il sostegno psicologico per le vittime deve essere modulato per far fronte alle specificità del trauma vissuto. Dal counseling alla psicoterapia, esplorare le diverse modalità di intervento consente di delineare un percorso di guarigione concreto per le vittime di abuso.

## 12. Abuso Emotivo nella Cultura Popolare e Media

Gli echi dell'abuso emotivo risuonano con frequenza nei media e nella cultura popolare, a volte in modo problematico. Analizzare come l'abuso emotivo viene rappresentato nelle serie TV, nei film e nei libri fornisce una lente attraverso cui esplorare la percezione sociale dell'abuso e i miti che vi sono associati. La narrazione mediatica può sia perpetuare stereotipi dannosi sia fungere da veicolo per la sensibilizzazione e l'educazione.

## 13. Metodologie di Ricerca sull'Abuso Emotivo

Indagare le metodologie utilizzate per la ricerca nell'ambito dell'abuso emotivo offre una fondamentale prospettiva meta-analitica. La validità e l'affidabilità delle ricerche in questo campo possono essere influenzate da numerosi fattori, inclusi bias del campione, problemi etici e limiti metodologici. Un'analisi critica delle prassi di ricerca può gettare luce su come si costruisce la conoscenza nel campo dell'abuso emotivo.

## 14. L'Ambiente Online come Spazio di Abuso Emotivo

L'era digitale ha ampliato il teatro dell'abuso emotivo, portandolo nello spazio virtuale. Il cyberbullismo, il revenge porn e altre forme di abuso online rappresentano sfide emergenti per individui e legislatori. Esaminare come l'abuso emotivo si manifesti in ambito digitale e quali siano gli strumenti di protezione e intervento disponibili diventa fondamentale in un mondo sempre più connesso.

## 15. Rituali e Pratiche di Guarigione

La guarigione dopo l'abuso emotivo è un percorso tortuoso e multiforme che merita di essere esplorato in tutte le sue sfaccettature. Dalla resilienza all'elaborazione del trauma, esaminare come le vittime ritrovano la propria forza, ricostruiscono la propria identità e, in alcuni casi, utilizzano la propria esperienza per supportare altri, fornisce una prospettiva ottimista e centrata sulla rinascita.

## 16. L'Abuso Emotivo in Differenti Contesti Culturali

L'abuso emotivo non è limitato da confini geografici o culturali. Esplorare le manifestazioni e le percezioni dell'abuso in diversi contesti culturali può rivelare come fattori socio-culturali, norme di genere e credenze religiose influenzino l'incidenza, la percezione e la gestione dell'abuso emotivo. Questo non solo amplia la comprensione del fenomeno ma enfatizza anche l'importanza di approcci culturalmente sensibili nell'intervento e nel supporto alle vittime.

In questo vasto paesaggio di esplorazione sull'abuso emotivo, ci sono ancora molte aree da scoprire e interrogativi da risolvere. L'abuso emotivo, con le sue radici profonde e le sue ramificazioni pervasive, rappresenta un terreno che necessita di un'incessante esplorazione e di un dialogo aperto e onesto.

## Abuso Emotivo: Un Panorama di Complessità e Profondità

L'abuso emotivo presenta un panorama che trascende la semplice demarcazione di comportamenti nocivi, immiscuendosi nelle complesse trame della psiche umana, dei rapporti interpersonali e delle strutture sociali. Esso non solo riflette l'oscuro specchio della malvagità e della manipolazione, ma mette anche a nudo le vulnerabilità, le speranze e le paure di chi lo subisce.

Una riflessione cruciale riguarda le varie maschere sotto cui l'abuso emotivo può presentarsi. Non sempre si manifesta attraverso grida o parole denigratorie; a volte, è celato dietro un velo di normalità, di cure apparenti, di promesse non mantenute. Si annida nelle piccole quotidiane crudeltà, negli sguardi, nei silenzi punzecchianti e nei gesti di negligenza. Quella trascuratezza affettiva che, goccia dopo goccia, erode l'autostima e la serenità dell'individuo, è una delle forme più subdole e insidiose di abuso emotivo.

All'interno di questa complessità, gli esperti di psicologia esplorano i meccanismi di difesa che la vittima può innalzare. A volte, in un disperato tentativo di mantenere un senso di normalità e coerenza, la vittima potrebbe ricorrere alla negazione, alla razionalizzazione o persino all'adesione alle visioni distorta dell'abusante. L'autogiustificazione e la tendenza a minimizzare l'abuso sono difese psichiche che cercano di proteggere l'individuo dal pieno impatto del dolore e della realizzazione di essere intrappolato in una rete di maltrattamenti.

In parallelo, lo studio dell'abuso emotivo deve necessariamente esplorare il contesto più ampio in cui si inserisce. La società, la cultura e le comunità giocano un ruolo non trascurabile nel modellare, permettere o limitare l'abuso emotivo. Gli standard culturali e le norme sociali influenzano le aspettative riguardo a cosa sia accettabile o meno all'interno delle relazioni interpersonali. Le rappresentazioni sociali dell'abuso - chi è tipicamente visto come abusante e chi come vittima, quali comportamenti sono giustificabili e quali no - contribuiscono a formare un terreno su cui l'abuso emotivo può prosperare o essere inibito. E, nel contesto dell'abuso emotivo, è imperativo esplorare anche i sentieri che conducono fuori dalla notte oscura dell'anima. La resilienza, la riappropriazione della propria vita e del proprio potere personale, e il percorso di guarigione, che è unico per ogni individuo, costituiscono elementi fondamentali in questo paesaggio. Le storie di sopravvivenza e rinascita sono faro luminoso nell'oscurità, ricordando che la fine dell'abuso è un nuovo inizio possibile e raggiungibile.

Quindi, mentre continuiamo a esplorare e navigare attraverso i cupi mari dell'abuso emotivo, ricordiamoci che il nostro scopo non è solo comprendere le dinamiche e le ombre di tale fenomeno, ma anche scoprire i sentieri di luce e speranza che attraversano queste tenebre, indicando la via per un futuro libero dall'abuso. Ogni punto esplorato, ogni storia ascoltata, ogni ricerca condotta è un passo verso una comprensione più profonda e una soluzione più efficace, che può sradicare l'abuso emotivo dalle vite delle persone e dalle fibre delle nostre società.

## Conclusione sul Punto: Abuso Emotivo

In un viaggio attraverso le oscure valli dell'abuso emotivo, ci imbattiamo in un intricato groviglio di emozioni, comportamenti e conseguenze che si dipana attraverso le esistenze sia degli abusanti che delle vittime. L'abuso emotivo, manifestandosi in molteplici forme e dimensioni, disegna un quadro di dolore e distruzione che permea non solo le relazioni interpersonali ma anche i tessuti stessi della società.

La comprensione dell'abuso emotivo necessita di un approccio olistico che non si limiti solo a esaminare i comportamenti manifesti, ma si immerga anche nelle acque più oscure e profonde della psicologia umana e della cultura societale. Dall'esplorazione delle sottili dinamiche di potere alle complesse reazioni delle vittime, dalla comprensione dei background familiari e culturali degli abusanti alla disamina delle implicazioni sociologiche e psicologiche dell'abuso - ogni angolo va scrutato con empatia e rigore scientifico.

È fondamentale sottolineare l'importanza del sostegno e dell'intervento tempestivo nell'ambito dell'abuso emotivo. Le vittime, spesso intrappolate in un ciclo perpetuo di manipolazione e dolore, possono necessitare di aiuto per riconoscere la propria situazione e cercare una via d'uscita. Gli interventi dovrebbero essere accuratamente calibrati per rispettare e sostenere l'autonomia e la forza intrinseca delle vittime, incoraggiandole a riscrivere la propria storia lontano dalle ombre dell'abuso.

Allo stesso modo, è imprescindibile una decisa riflessione e intervento sulle radici culturali e sociali dell'abuso emotivo. L'educazione, la consapevolezza e il dialogo aperto sono strumenti cruciali per smantellare gli stereotipi, le norme e le aspettative nocive che possono innescare o perpetuare cicli di abuso. Promuovere una cultura della gentilezza, del rispetto e dell'equità non solo ammorbidisce il terreno su cui l'abuso emotivo può fiorire ma getta anche i semi per relazioni più sane e socievoli.

In conclusione, il nostro approfondimento sull'abuso emotivo ci conduce non solo attraverso un percorso di comprensione delle sue oscure dinamiche ma anche verso la scoperta di strategie e pratiche che possano effettivamente illuminare la via verso il cambiamento e la guarigione. L'abuso emotivo, pur essendo una macchia oscura nel tessuto delle nostre interazioni umane, può essere contrastato, mitigato e, in ultima istanza, prevenuto, attraverso una combinazione di comprensione approfondita, intervento tempestivo e un impegno collettivo verso la costruzione di un futuro più luminoso e compassionevole. La conoscenza ottenuta attraverso questa esplorazione non è solo un faro per chi è perso nell'oscurità dell'abuso, ma anche una guida per la società nel suo insieme, indicando una direzione verso cui navigare per assicurare che ogni individuo possa vivere libero da paura e pienamente realizzato nella propria umanità.

9. Teoria dell'Attaccamento • Esaminare come i modelli di attaccamento influenzano il comportamento negativo.

## Teoria dell'Attaccamento e l'Influenza sui Comportamenti Negativi

La teoria dell'attaccamento, sviluppata inizialmente da John Bowlby e successivamente arricchita dai lavori di Mary Ainsworth attraverso la sua famosa procedura della "situazione strana", sostiene che i primi legami affettivi formati tra un bambino e il suo caregiver primario avranno un impatto duraturo sullo sviluppo emotivo, sociale e relazionale dell'individuo. Questi legami, o "modelli di attaccamento", vengono categorizzati principalmente in sicuro, ansioso-ambivalente, evitante e, in seguito, disorganizzato.

Esaminiamo come questi modelli di attaccamento possano influenzare il comportamento negativo:

**1. Attaccamento Sicuro:** I bambini con un modello di attaccamento sicuro tendono a sentirsi sicuri e protetti, sapendo che il loro caregiver sarà disponibile e reattivo alle loro esigenze. Sebbene possano manifestare comportamenti negativi occasionali, come tutti i bambini, tendono ad avere migliori capacità di regolazione delle emozioni e di gestire lo stress, riducendo la probabilità di sviluppare comportamenti persistentemente negativi.

**2. Attaccamento Ansioso-Ambivalente:** Questi bambini spesso mostrano una dipendenza eccessiva e una difficoltà nel separarsi dal caregiver. Possono manifestare comportamenti negativi come eccessiva apprensione, difficoltà nel socializzare con coetanei o una dipendenza eccessiva da figure adulte nella loro vita. La loro ansia può portarli a comportamenti di attaccamento "appiccicosi" e, in alcuni contesti, possono diventare eccessivamente possessivi o gelosi.

**3. Attaccamento Evitante:** Bambini con questo modello di attaccamento tendono a mostrarsi indifferenti o distanti dal caregiver. Questo comportamento può nascere da una risposta ad un caregiver non reattivo o rifiutante.

A lungo termine, questi individui potrebbero sviluppare comportamenti di evitamento nelle relazioni intime, mostrando indifferenza, distacco o fatica a stabilire legami profondi. Questo può manifestarsi come comportamenti negativi come l'isolamento, il rifiuto di cercare aiuto quando è necessario o difficoltà a fidarsi degli altri.

**4. Attaccamento Disorganizzato:** Questo modello è spesso associato a situazioni di abuso o negligenza. I bambini con un attaccamento disorganizzato possono mostrare comportamenti estremamente imprevedibili, oscillando tra l'essere affettuosi e l'essere distanti o rifiutanti. A lungo termine, possono sviluppare comportamenti negativi come la disregolazione emotiva, comportamenti autolesionistici, aggressività o difficoltà nell'interpretare le emozioni e le intenzioni degli altri.

**Implicazioni sul Comportamento Adulto:** La teoria dell'attaccamento suggerisce che questi modelli iniziali influenzeranno le relazioni e il comportamento dell'individuo anche in età adulta. Ad esempio, un adulto con un modello di attaccamento ansioso potrebbe manifestare gelosia eccessiva, ansia da separazione o dipendenza affettiva nei rapporti intimi, mentre un adulto con un modello evitante potrebbe fuggire dall'intimità o mostrare un forte bisogno di indipendenza, evitando la vulnerabilità.

In sintesi, la teoria dell'attaccamento offre una lente attraverso cui possiamo comprendere e prevedere i comportamenti negativi basandoci sui modelli di attaccamento formati durante l'infanzia. Tuttavia, è importante notare che, sebbene l'attaccamento possa avere un profondo impatto sullo sviluppo, le persone sono capaci di cambiamento e crescita. La terapia, in particolare la terapia focalizzata sull'attaccamento, può aiutare gli individui a riconoscere e modificare i modelli di attaccamento insalubri, permettendo loro di formare relazioni più sane e soddisfacenti.

## L'Interplay tra Attaccamento e Neurobiologia

La teoria dell'attaccamento non si limita all'osservazione comportamentale: le recenti ricerche nel campo della neurobiologia hanno cercato di svelare come i modelli di attaccamento influenzino e siano influenzati dalla fisiologia del cervello. I bambini con differenti modelli di attaccamento mostrano risposte neurali distinte a situazioni stressanti o di separazione. Ad esempio, è stato osservato che i bambini con un attaccamento sicuro presentano una maggiore attivazione nell'ippocampo e nel sistema limbico, aree associate alla regolazione delle emozioni e alla memoria affettiva.

## L'Attaccamento e le Relazioni Future

Oltre alle relazioni romantiche, i modelli di attaccamento influenzano una vasta gamma di interazioni sociali dell'individuo. Questi modelli possono riflettersi nella dinamica tra un individuo e i suoi amici, colleghi o persino nella sua relazione con i propri figli. Un genitore con un attaccamento evitante, ad esempio, potrebbe avere difficoltà a fornire conforto emotivo ai propri figli, perpetuando potenzialmente un ciclo di attaccamento non sicuro.

## Attaccamento e Autoimmagine

I modelli di attaccamento non solo influenzano come percepiamo gli altri, ma anche come ci vediamo. Gli individui con un attaccamento ansioso potrebbero avere un'immagine di sé più negativa, sentendosi indesiderati o facilmente abbandonabili. Al contrario, quelli con un attaccamento evitante potrebbero percepirsi come isole, ritenendo di dover fare affidamento esclusivamente su se stessi.

## Attaccamento e Salute Mentale

I modelli di attaccamento sono profondamente intrecciati con la salute mentale. Ad esempio, un attaccamento ansioso è spesso correlato a disturbi come l'ansia e la depressione. L'attaccamento disorganizzato, che spesso emerge in situazioni di trauma o abuso, può essere collegato a condizioni più severe come il disturbo di personalità borderline o il PTSD (disturbo post-traumatico da stress).

**Influenza Culturale sull'Attaccamento**

Mentre la teoria dell'attaccamento ha radici nell'osservazione occidentale, è essenziale considerare come differenti culture possano modellare e interpretare i modelli di attaccamento. In alcune culture, ciò che potrebbe essere visto come un attaccamento ansioso in un contesto occidentale potrebbe essere interpretato come un legame familiare stretto e normale in un altro.

**L'Attaccamento nell'Era Digitale**

Con l'avvento delle tecnologie digitali e dei social media, le dinamiche dell'attaccamento stanno evolvendo. Le relazioni online, la comunicazione costante attraverso messaggi istantanei e la presenza di interazioni digitali hanno creato nuove sfide e dinamiche per l'attaccamento. Ad esempio, un individuo con un attaccamento ansioso potrebbe trovarsi a controllare compulsivamente il proprio smartphone in attesa di risposte o segnali di rassicurazione.

**Teorie e Modelli Evolutivi**

Mentre Bowlby e Ainsworth hanno gettato le basi della teoria dell'attaccamento, la ricerca in questo campo è in costante evoluzione. Nuove teorie e modelli emergono per spiegare le sfumature dell'attaccamento in vari contesti e attraverso diverse fasi della vita. Ad esempio, la teoria dell'attaccamento adulto, che esplora come gli attaccamenti formati nell'infanzia si manifestino e si evolvano nelle relazioni adulte, sta guadagnando sempre più attenzione. L'intersezione tra attaccamento e comportamento negativo rappresenta un vasto e complesso campo di studio, e come tale, richiede un'attenzione costante e una riflessione profonda per comprendere pienamente le sue sfumature e implicazioni.

## L'Attaccamento in Relazione al Lavoro e alla Carriera

Le dinamiche dell'attaccamento non si manifestano solo nelle relazioni interpersonali o familiari, ma possono anche influenzare il comportamento e le interazioni in ambito lavorativo. Ad esempio, un individuo con un attaccamento evitante potrebbe faticare a fidarsi dei colleghi o a instaurare relazioni di lavoro profonde, preferendo mantenere una certa distanza. Al contrario, qualcuno con un attaccamento ansioso potrebbe cercare continue rassicurazioni dai superiori o dai coetanei sul proprio rendimento o valore professionale.

## L'Influenza dell'Attaccamento sull'educazione

Gli stili di attaccamento possono influenzare il modo in cui gli individui affrontano l'istruzione e l'apprendimento. Per esempio, un studente con un modello di attaccamento sicuro potrebbe sentirsi più a suo agio nell'esplorare nuovi concetti, fiducioso nel chiedere aiuto quando necessario. D'altro canto, un modello di attaccamento ansioso potrebbe portare allo studente una paura eccessiva del giudizio, influenzando negativamente la sua partecipazione e la propensione a fare domande in classe.

## Dinamiche di Attaccamento nelle Terapie

Nel contesto terapeutico, la comprensione dei modelli di attaccamento del paziente può fornire informazioni preziose sulle sue reazioni e sulle potenziali aree di lavoro. Un terapeuta consapevole dell'attaccamento evitante del paziente potrebbe adottare un approccio più graduale, mentre nel caso di un attaccamento ansioso, potrebbe lavorare per fornire un ambiente di sostegno e rassicurazione.

## L'Attaccamento e la Spiritualità

Per alcuni, la spiritualità o la religione può servire come una sorta di "base sicura", simile al concetto nell'attaccamento. Questo può influenzare come una persona affronta le sfide, cerca conforto, o interpreta il significato e lo scopo della vita. Un attaccamento sicuro a una figura o entità spirituale può fornire una fonte di forza e resilienza.

## L'Attaccamento Transgenerazionale

Le dinamiche dell'attaccamento possono essere trasmesse attraverso le generazioni. Se un genitore ha avuto esperienze di attaccamento insicuro durante l'infanzia, potrebbero emergere sfide nell'instaurare un attaccamento sicuro con il proprio figlio. Queste dinamiche transgenerazionali possono perpetuare cicli di attaccamento insicuro, ma la consapevolezza e l'intervento possono interrompere questi cicli.

## L'Attaccamento e la Salute Fisica

Oltre alle implicazioni psicologiche, gli stili di attaccamento possono avere un impatto sulla salute fisica. Ad esempio, la ricerca ha mostrato che gli individui con modelli di attaccamento insicuro potrebbero avere una maggiore predisposizione allo stress, il che può influenzare negativamente la salute cardiovascolare, il sistema immunitario e altri aspetti della salute fisica.

## L'Attaccamento e l'Arte

La teoria dell'attaccamento ha trovato espressione anche nell'arte, dove artisti di vari medium utilizzano la loro opera per esplorare e riflettere sulle proprie esperienze di attaccamento, sia positive che negative. Queste rappresentazioni artistiche forniscono uno spaccato emotivo e profondo delle complesse emozioni legate all'attaccamento.

Navigando attraverso l'ampio mare della teoria dell'attaccamento, emerge una realizzazione: gli stili di attaccamento, con tutte le loro sfumature e complessità, formano la trama di fondo della nostra esperienza umana, influenzando ogni aspetto della nostra vita, dalle relazioni alle carriere, dalla salute all'espressione artistica. Con ogni nuova ricerca e ogni storia condivisa, ci avviciniamo sempre di più a una comprensione profonda dell'importanza fondamentale dell'attaccamento nella costruzione del tessuto stesso della nostra esistenza.

## L'Attaccamento e la Politica

Interessante è l'incrocio tra dinamiche di attaccamento e il mondo della politica. Le persone potrebbero, infatti, proiettare i loro stili di attaccamento sulle figure politiche, vedendo in loro figure protettive o, al contrario, percependo minacce. In un certo senso, l'adesione a ideologie o movimenti politici potrebbe riflettere una ricerca di "base sicura" su scala più ampia.

**Dinamiche di Attaccamento nelle Comunità**

Le comunità, come le famiglie o le coppie, possono manifestare dinamiche collettive che rispecchiano gli stili di attaccamento. Comunità che hanno subito traumi collettivi, come disastri naturali o conflitti, potrebbero sviluppare un attaccamento comunitario insicuro, influenzando come interagiscono con il mondo esterno e come gestiscono le sfide interne.

**L'Attaccamento nella Letteratura**

La teoria dell'attaccamento ha influenzato e ispirato numerosi scrittori nella creazione dei loro personaggi e trame. Molte opere letterarie esplorano le profondità e le complessità delle relazioni umane attraverso la lente dell'attaccamento, offrendo spunti di riflessione sui modi in cui gli stili di attaccamento influenzano le traiettorie della vita dei personaggi.

**Attaccamento e Economia Comportamentale**

Anche l'economia può essere influenzata dalle dinamiche dell'attaccamento. Ad esempio, gli stili di attaccamento possono influenzare le decisioni economiche, come il risparmio, l'investimento e il consumo. Qualcuno con un attaccamento ansioso potrebbe avere una maggiore propensione al rischio o fare scelte finanziarie basate su paure irrazionali, mentre un individuo con un attaccamento evitante potrebbe essere eccessivamente cauto o riluttante a fare investimenti.

## L'Attaccamento nel Contesto Virtuale

Nell'era digitale, si stanno formando nuovi tipi di attaccamento. Ad esempio, le persone potrebbero formare legami significativi con personalità virtuali, avatar o persino intelligenze artificiali. Questi "attaccamenti virtuali" aprono nuove frontiere di studio sulle implicazioni psicologiche e relazionali dell'interazione uomo-macchina.

## Attaccamento e Sport

Nel mondo dello sport, la teoria dell'attaccamento può avere applicazioni interessanti, in particolare nell'analisi delle relazioni tra allenatori e atleti o tra membri di una squadra. La sicurezza e la fiducia che derivano da un attaccamento sano possono influenzare positivamente le prestazioni sportive e la coesione di squadra.

## Attaccamento e Musica

La musica, essendo un potente veicolo di emozioni, può servire come mezzo per esprimere e processare esperienze legate all'attaccamento. Le canzoni d'amore, ad esempio, spesso riflettono temi di attaccamento, separazione e riconciliazione. Inoltre, ascoltare musica può anche evocare o confortare dinamiche di attaccamento, facendo sentire le persone connesse o comprese.

Con ogni angolo esplorato della teoria dell'attaccamento, diventa sempre più chiaro quanto sia pervasiva e radicata nella nostra esperienza. Da ogni interazione quotidiana ai grandi temi della nostra cultura, l'attaccamento forma e informa il nostro modo di vedere, sentire e interagire con il mondo che ci circonda. E mentre continuiamo a scavare sempre più in profondità, emergono nuove sfaccettature e connessioni, arricchendo la nostra comprensione dell'essenza stessa dell'esperienza umana.

## Conclusione sul Punto: Teoria dell'Attaccamento e il Comportamento Negativo

L'esplorazione della teoria dell'attaccamento offre una panoramica dettagliata di come le fondamenta delle relazioni umane siano profondamente radicate nelle prime esperienze di vita. Questi legami primordiali non solo definiscono la natura delle nostre interazioni con gli altri ma influenzano anche la nostra auto-percezione, il nostro comportamento e le nostre reazioni ai vari contesti che incontriamo nella nostra esistenza.

Il legame tra attaccamento e comportamento negativo si manifesta in molteplici forme, a partire dalle reazioni di un bambino ai suoi caregiver e proiettandosi nelle complesse dinamiche delle relazioni adulte. Le persone che hanno vissuto esperienze di attaccamento insicuro nella loro infanzia possono sviluppare schemi comportamentali che riflettono insicurezze, paure, diffidenze o, in alcuni casi, comportamenti manipolativi o distruttivi. Questi comportamenti, se non riconosciuti e affrontati, possono persistere e manifestarsi in vari ambiti della vita dell'individuo, dalla sfera professionale a quella sociale, dalla salute mentale e fisica alle scelte economiche.

Tuttavia, è fondamentale sottolineare che, nonostante l'importanza delle prime esperienze di attaccamento, gli individui non sono prigionieri del loro passato. La plasticità del cervello umano e la natura resiliente dello spirito umano offrono opportunità di crescita, cambiamento e guarigione. Terapie focalizzate sull'attaccamento, l'educazione, la consapevolezza e le strategie di coping possono aiutare le persone a riconoscere, affrontare e superare le sfide associate ai loro modelli di attaccamento.

Inoltre, la comprensione delle dinamiche dell'attaccamento offre preziose intuizioni non solo ai professionisti e agli studiosi ma anche alla società nel suo complesso. Promuovere una cultura di comprensione e empatia, dove l'importanza delle relazioni sicure e sostenibili viene valorizzata, può guidare la società verso un futuro in cui il comportamento negativo derivante da dinamiche di attaccamento insicuro viene minimizzato, e le persone sono incoraggiate e sostenute nel loro percorso di guarigione e crescita. In definitiva, la teoria dell'attaccamento non solo ci illumina sulle radici del comportamento umano ma ci offre anche una bussola su come navigare le complessità delle relazioni umane, sottolineando l'importanza cruciale di costruire e mantenere legami significativi, sicuri e amorevoli.

10. Dipendenza Affettiva • Analizzare la dipendenza affettiva e il suo ruolo nella manipolazione relazionale.

## Dipendenza Affettiva e Manipolazione Relazionale

La dipendenza affettiva, conosciuta anche come "dipendenza emotiva", si riferisce a un bisogno eccessivo e persistente di approvazione e rassicurazione da parte degli altri, spesso al punto da compromettere la propria autonomia e benessere. Le persone affette da dipendenza affettiva possono avere una bassa autostima e una paura intensa dell'abbandono, portando a comportamenti estremi pur di evitare la solitudine o il rifiuto.

**Caratteristiche della Dipendenza Affettiva**

1. **Bisogno Eccessivo di Rassicurazione:** Le persone con dipendenza affettiva cercano costantemente rassicurazione sul loro valore o sulle decisioni che prendono.

2. **Paura dell'Abbandono:** Questa paura può essere così intensa da portare l'individuo a tollerare comportamenti abusivi o manipolativi pur di non essere lasciato solo.

3. **Difficoltà nelle Decisioni:** Spesso dipendono dagli altri per prendere decisioni, anche quelle quotidiane o banali.

4. **Bassa Autostima:** Una percezione negativa di sé che può portare a pensare di non meritare amore o attenzione se non attraverso la sottomissione o l'accondiscendenza.

5. **Relazioni Impegnative:** Tendenza a instaurare relazioni con partner dominanti o manipolativi.

**Dipendenza Affettiva e Manipolazione Relazionale**

La dipendenza affettiva può aprire la porta alla manipolazione relazionale. Ecco come:

1. **Sfruttamento della Paura dell'Abbandono:** I manipolatori possono riconoscere e sfruttare

questa paura, minacciando implicitamente o esplicitamente di abbandonare o rifiutare il partner dipendente.

2. **Isolamento:** Un manipolatore può cercare di isolare il partner dipendente dagli amici e dalla famiglia, rafforzando così la dipendenza.

3. **Rinforzo Negativo:** Alternando attenzione e affetto a freddo distacco o punizioni, il manipolatore può creare un ciclo in cui la vittima si sente costantemente in bilico, disperatamente desiderosa dell'approvazione e terrorizzata dalla sua perdita.

4. **Controllo:** Sfruttando la difficoltà del partner dipendente nel prendere decisioni, il manipolatore può assumere il controllo su aspetti significativi della loro vita, dalle decisioni finanziarie alle scelte di vita.

5. **Colpa:** Un manipolatore può usare tattiche di colpevolizzazione, facendo sentire la vittima responsabile dei problemi nella relazione o dei propri comportamenti manipolativi.

**Superare la Dipendenza Affettiva**

Sebbene la dipendenza affettiva possa sembrare una condizione travolgente, con il sostegno e l'intervento appropriati, è possibile superarla.

1. **Terapia:** Un terapeuta specializzato può aiutare l'individuo a riconoscere i modelli di dipendenza e a sviluppare strategie per costruire l'autostima e l'autonomia.

2. **Gruppi di Supporto:** Condividere esperienze con altri che affrontano sfide simili può offrire comprensione e solidarietà.

3. **Educarsi:** Comprendere la natura della dipendenza affettiva può aiutare l'individuo a riconoscere e contrastare i comportamenti autodistruttivi.

4. **Stabilire Limiti:** Imparare a stabilire e mantenere limiti sani nelle relazioni è fondamentale per proteggersi dalla manipolazione.

   In sintesi, la dipendenza affettiva è una condizione che può rendere un individuo vulnerabile alla manipolazione relazionale. Tuttavia, con la consapevolezza, il sostegno e gli strumenti appropriati, è possibile rompere il ciclo della dipendenza e costruire relazioni sane e reciprocamente rispettose.

## Origini della Dipendenza Affettiva

Per approfondire ulteriormente la dipendenza affettiva, è utile esaminare le sue radici. Spesso, questo tipo di dipendenza può avere origine da esperienze infantili. Le persone che hanno vissuto traumi, negligenza o instabilità durante l'infanzia potrebbero sviluppare modelli di attaccamento insicuro, che a loro volta possono portare a comportamenti di dipendenza affettiva in età adulta.

**Effetti Collaterali della Dipendenza Affettiva**

Oltre ai principali sintomi e comportamenti associati alla dipendenza affettiva, ci sono anche numerosi effetti collaterali che possono influenzare vari aspetti della vita di un individuo:

1. **Stress Cronico:** La continua ricerca di approvazione e la paura dell'abbandono possono creare livelli elevati di stress.
2. **Disturbi dell'Umore:** La dipendenza affettiva può portare a o esacerbare disturbi come la depressione o l'ansia.
3. **Problemi di Salute Fisica:** Lo stress cronico e le tensioni emotive possono manifestarsi fisicamente, causando disturbi come insonnia, problemi digestivi o tensione muscolare.

**Dipendenza Affettiva e Altri Tipi di Dipendenza**

Non è raro che la dipendenza affettiva coesista con altre forme di dipendenza, come quelle da sostanze. Ad esempio, qualcuno che lotta con la dipendenza affettiva potrebbe rivolgersi all'alcol o alle droghe come mezzo per affrontare il dolore o l'ansia. Questa combinazione può creare un ciclo vicioso in cui la persona utilizza la sostanza per gestire le emozioni legate alla dipendenza affettiva, ma poi si trova ancora più isolata e dipendente a causa degli effetti della sostanza.

**La Società e la Dipendenza Affettiva**

La società moderna, con la sua enfasi sulle relazioni ideali e sulle connessioni "perfette", può involontariamente alimentare le insicurezze che conducono alla dipendenza affettiva. I media, ad esempio, spesso ritraggono relazioni romantiche in modo idealizzato, suggerendo che si ha bisogno di un partner per sentirsi completi. Queste rappresentazioni possono rafforzare l'idea che il valore di una persona sia intrinsecamente legato alla sua capacità di formare e mantenere relazioni.

**Interventi nella Dipendenza Affettiva**

Mentre la terapia è una componente cruciale del trattamento della dipendenza affettiva, ci sono anche altri interventi che possono offrire sollievo e insight:

1. **Meditazione e Mindfulness:** Queste pratiche possono aiutare le persone a connettersi con se stesse, riconoscendo e accettando le proprie emozioni senza giudizio.

2. **Esercizio Fisico:** L'attività fisica può aiutare a ridurre lo stress e aumentare l'autostima, fornendo un modo sano per gestire le tensioni.

3. **Arte e Creatività:** L'espressione creativa, che si tratti di pittura, scrittura o danza, può offrire un'uscita per le emozioni e aiutare le persone a esplorare e comprendere i propri sentimenti.

Con ogni sfaccettatura della dipendenza affettiva che viene esplorata, si profila un quadro

complesso di bisogni, paure e comportamenti.
Comprendere questa dipendenza in tutte le sue
dimensioni è fondamentale per sviluppare
approcci terapeutici efficaci e per aiutare le
persone a trovare strade verso relazioni più sane
e autonome.

**Dipendenza Affettiva e Cultura**
Le manifestazioni e le percezioni della
dipendenza affettiva possono variare a seconda
della cultura di appartenenza. In alcune culture,
ad esempio, è normale e accettato dipendere
pesantemente da famiglia o comunità, mentre in
altre, l'indipendenza e l'autosufficienza sono
altamente valorizzate. Queste differenze culturali
possono influenzare come una persona
percepisce e vive la propria dipendenza affettiva.
**Dipendenza Affettiva e Generazione**
La generazione di appartenenza può anche
influenzare le dinamiche della dipendenza
affettiva. Le generazioni più vecchie, che
potrebbero essere cresciute in periodi di guerra o
povertà, potrebbero avere una visione diversa
della dipendenza rispetto alle generazioni più
giovani, cresciute in un'era di tecnologia e
globalizzazione.
**Tecnologia e Dipendenza Affettiva**

Con l'avvento dei social media e delle comunicazioni digitali, emergono nuovi sfaccettature e sfide legate alla dipendenza affettiva. La continua necessità di "likes" e approvazione sui social media può amplificare i comportamenti di dipendenza affettiva. Inoltre, la facilità di comunicazione digitale può portare a dipendere eccessivamente da messaggi o feedback online per rassicurazione e approvazione.

## Dipendenza Affettiva e Ambiente Lavorativo

Anche nell'ambiente di lavoro, le dinamiche della dipendenza affettiva possono manifestarsi. Una persona che dipende pesantemente dall'approvazione dei colleghi o dei superiori potrebbe avere difficoltà a prendere decisioni o a esprimere opinioni contrarie. Questo può influenzare la crescita professionale e le dinamiche di team.

## Dipendenza Affettiva e Genere

È importante notare che la dipendenza affettiva non è limitata a un particolare genere. Tuttavia, a seconda delle norme culturali e sociali, uomini e donne potrebbero manifestare e gestire la dipendenza affettiva in modi diversi. Ad esempio, in alcune culture, alle donne potrebbe essere socialmente accettato mostrarsi più dipendenti, mentre agli uomini potrebbe essere chiesto di apparire più indipendenti e risoluti.

## Cicli di Dipendenza Affettiva

Spesso, la dipendenza affettiva può creare cicli di comportamento che si auto-perpetuano. Ad esempio, una persona potrebbe sentire una forte paura dell'abbandono, che potrebbe portarla a comportamenti eccessivamente attaccanti o gelosi. Questo comportamento, a sua volta, potrebbe allontanare i partner, confermando e rafforzando la paura originaria dell'abbandono.

## Prevenzione e Educazione

Mentre la terapia e l'intervento sono fondamentali per affrontare la dipendenza affettiva esistente, la prevenzione è altrettanto cruciale. Educare giovani e adulti sulle relazioni sane, l'autostima e la gestione delle emozioni può aiutare a prevenire la formazione di modelli di dipendenza affettiva. Le lezioni sulla costruzione di relazioni sane, sulla comunicazione efficace e sulla risoluzione dei conflitti possono essere particolarmente utili.

Man mano che ci addentriamo nel vasto e complesso mondo della dipendenza affettiva, diventa evidente quanto sia cruciale una comprensione profonda e sfaccettata di questo fenomeno. La dipendenza affettiva non è solo una questione individuale, ma interseca e interagisce con molteplici aspetti della società, della cultura e dell'era moderna. Con ogni nuova intuizione e comprensione, siamo un passo più vicini a costruire un mondo in cui le persone possano vivere e amare con autenticità, indipendenza e integrità.

## Dipendenza Affettiva e Relazioni a Distanza

L'avvento delle comunicazioni digitali ha reso possibili relazioni a lunga distanza come mai prima d'ora. Tuttavia, la distanza può amplificare alcune sfide associate alla dipendenza affettiva. La mancanza di contatto fisico regolare e la dipendenza da comunicazioni virtuali possono exacerbare la necessità di rassicurazione continua. La difficoltà nel "sentire" l'altro quando non è fisicamente presente può portare a maggiore insicurezza e, di conseguenza, a un bisogno eccessivo di conferme digitali dell'affetto o dell'impegno del partner.

## Dipendenza Affettiva e Salute Mentale

La dipendenza affettiva non esiste in un vuoto. Può interagire con altre condizioni di salute mentale, come i disturbi d'ansia, la depressione o i disturbi della personalità. Ad esempio, una persona con un disturbo d'ansia generalizzato potrebbe avere una maggiore propensione a cercare rassicurazione da parte dei propri cari come mezzo per alleviare le proprie ansie. Allo stesso modo, qualcuno con un disturbo depressivo maggiore potrebbe dipendere pesantemente dagli altri per il supporto emotivo, confondendo talvolta questa dipendenza con il vero amore o l'amicizia.

## Dipendenza Affettiva e Infanzia

Esaminando la dipendenza affettiva attraverso la lente dell'infanzia, è possibile identificare alcuni segnali precoci o comportamenti che potrebbero prefigurare una tendenza alla dipendenza emotiva in età adulta. Bambini che mostrano una dipendenza eccessiva dai loro caregiver, che sono estremamente riluttanti a separarsi da loro o che cercano costantemente approvazione e elogi potrebbero essere a rischio.

## Dipendenza Affettiva e Cicli di Abuso

Purtroppo, la dipendenza affettiva può a volte intrappolare gli individui in cicli di abuso. Un partner manipolativo o abusivo potrebbe riconoscere e sfruttare la dipendenza affettiva di un individuo, utilizzandola come mezzo per esercitare controllo e potere sulla relazione. L'individuo dipendente, a sua volta, potrebbe tollerare l'abuso a causa della sua intensa paura dell'abbandono o del rifiuto.

**Dipendenza Affettiva e Spiritualità**

La spiritualità, o la connessione con qualcosa di più grande di sé stessi, può svolgere un ruolo sia positivo che negativo nella dipendenza affettiva. Per alcuni, la spiritualità può offrire un senso di appartenenza e di scopo che mitiga la necessità di approvazione esterna. Per altri, la dipendenza affettiva può manifestarsi in una dipendenza eccessiva o distorta dalla propria comunità spirituale o religiosa.

**Dipendenza Affettiva e Processo di Guarigione**

La strada verso la guarigione dalla dipendenza affettiva è spesso lunga e tortuosa. Richiede una riflessione profonda, l'accettazione e la volontà di cambiare schemi comportamentali profondamente radicati. Questo processo può includere terapia, supporto di gruppo, auto-aiuto e, a volte, cambiamenti significativi nella vita. Ad esempio, rompere relazioni tossiche, stabilire nuovi limiti nelle relazioni esistenti o imparare nuovi modi di relazionarsi con se stessi e con gli altri. Ogni passo verso la guarigione, indipendentemente dalla sua dimensione, è un passo verso una vita di maggiore autonomia, autostima e relazioni autentiche e reciprocamente rispettose.

**Dipendenza Affettiva e Risorse Interne**

Una persona con dipendenza affettiva spesso cerca rassicurazione all'esterno, dimenticando di sviluppare e fare affidamento sulle proprie risorse interne. Questo può portare a una mancanza di fiducia nelle proprie capacità decisionali e nella propria autopercezione. Potenziare e riconoscere le proprie risorse interne è un aspetto fondamentale nel processo di superare la dipendenza affettiva.

**Interconnessione con la Paura della Solitudine**

Molte persone con dipendenza affettiva temono profondamente la solitudine. Ciò può portare a tollerare relazioni insoddisfacenti o tossiche pur di evitare di essere soli. Tuttavia, esiste una distinzione fondamentale tra solitudine e solitudine scelta: la capacità di godere del proprio tempo da soli può essere incredibilmente liberatoria e può contribuire a rompere il ciclo della dipendenza affettiva.

**Impatto sulle Relazioni Familiari**

Non solo le relazioni romantiche sono influenzate dalla dipendenza affettiva. Le relazioni familiari, come quelle con genitori, fratelli o figli, possono essere complicate da dinamiche di dipendenza. Questo può portare a ruoli rigidi all'interno della famiglia, dove un membro potrebbe assumere costantemente il ruolo del "caregiver" mentre un altro potrebbe agire in modo eccessivamente "bisognoso".

## Dipendenza Affettiva e Ambiente Sociale

L'ambiente sociale e comunitario in cui vive una persona può influenzare o essere influenzato dalla dipendenza affettiva. Ad esempio, appartenere a una comunità o a un gruppo che enfatizza fortemente l'interdipendenza e il supporto reciproco potrebbe, in alcuni casi, amplificare certi comportamenti di dipendenza.

## Ruolo delle Aspettative Societali

Le aspettative societali riguardo alle relazioni e ai ruoli di genere possono influenzare la percezione e la manifestazione della dipendenza affettiva. In alcune società, l'idea di essere in una relazione o di essere accettati da un gruppo può essere talmente valorizzata che coloro che non si conformano a questi standard potrebbero sentirsi inadeguati o spinti a comportamenti di dipendenza.

## Implicazioni Economiche

La dipendenza affettiva può avere anche implicazioni economiche. Qualcuno che è eccessivamente dipendente dal partner potrebbe permettere che vengano prese decisioni finanziarie senza il suo input o potrebbe evitare di prendere decisioni finanziarie indipendenti per paura di disapprovazione o conflitto.

**Rischi nella Parentalità**

I genitori con dipendenza affettiva possono, a volte, trasferire queste dinamiche ai loro figli. Ciò potrebbe manifestarsi attraverso la sovrapprotezione, l'eccessiva preoccupazione per l'approvazione dei figli o la difficoltà nel permettere ai figli di diventare indipendenti.

**La Resilienza e la Dipendenza Affettiva**

Nonostante le sfide della dipendenza affettiva, è importante riconoscere la capacità di resilienza presente in molti individui con questa condizione. Con il supporto adeguato e le risorse, molte persone sono in grado di riconoscere i propri modelli di dipendenza, lavorare attraverso di essi e costruire relazioni più sane ed equilibrate. La chiave è spesso riconoscere il problema, cercare supporto e essere disposti a fare il lavoro interiore necessario per il cambiamento.

**Conclusione sulla Dipendenza Affettiva**

La dipendenza affettiva rappresenta un complesso intreccio di emozioni, comportamenti e dinamiche relazionali che sono radicati in profondi bisogni umani di connessione, approvazione e amore. Questa dipendenza, se non affrontata, può limitare gravemente la capacità di un individuo di vivere una vita autentica e soddisfacente.

**Origini e Manifestazioni**

Le origini della dipendenza affettiva sono spesso radicate nelle esperienze infantili, in particolare nelle dinamiche tra caregiver e bambino. Questi schemi precoci di attaccamento possono porsi come fondamenta per futuri modelli relazionali, influenzando le interazioni con partner, amici, familiari e colleghi. La manifestazione di questa dipendenza può variare da individuo a individuo, ma spesso include un'eccessiva preoccupazione per l'approvazione altrui, una paura profonda dell'abbandono e una lotta per mantenere l'autonomia in una relazione.

**Implicazioni Socio-Culturali**

La società e la cultura giocano un ruolo significativo nella formazione e nella percezione della dipendenza affettiva. Le aspettative societali riguardo alle relazioni, la costruzione del ruolo di genere e la crescente enfasi sui social media e sulla validazione online possono amplificare o complicare ulteriormente le dinamiche della dipendenza affettiva.

**Sfide e Opportunità**

Sebbene la dipendenza affettiva presenti molte sfide, offre anche opportunità per la crescita e la trasformazione. Riconoscere e affrontare questa dipendenza può portare a una maggiore consapevolezza di sé, a relazioni più profonde e autentiche e a una maggiore capacità di vivere in

modo autonomo e appagante. La chiave per
navigare nella dipendenza affettiva è spesso la
combinazione di introspezione, supporto
terapeutico e l'impegno per il cambiamento
personale.

**Verso il Futuro**

Guardando al futuro, è essenziale che ci sia una
maggiore consapevolezza e comprensione della
dipendenza affettiva in modo che possa essere
riconosciuta, affrontata e trattata con efficacia.
Questo non solo migliorerà la vita degli individui
direttamente colpiti, ma avrà anche un impatto
positivo sulle comunità e le società in cui vivono.
Come per qualsiasi sfida psicologica o emotiva,
l'empatia, l'educazione e il sostegno sono
fondamentali. Con questi pilastri, è possibile
superare la dipendenza affettiva e costruire
relazioni che siano basate sull'uguaglianza, la
comprensione e un autentico rispetto reciproco.

11. Tecniche di Brainwashing • Studiare le tecniche di lavaggio del cervello e come vengono utilizzate.

## Tecniche di Brainwashing

Il "brainwashing", o lavaggio del cervello, è un processo attraverso il quale un individuo viene indotto a cambiare le proprie convinzioni, atteggiamenti, comportamenti o affiliazioni attraverso vari metodi coercitivi e manipolatori. Queste tecniche sono state utilizzate da culti, regimi politici, gruppi estremisti e persino in alcune relazioni tossiche. Ecco un'esplorazione dettagliata delle tecniche di brainwashing e del modo in cui vengono attuate:

1. **Isolamento Forzato:** Una delle tecniche più comuni di brainwashing è l'isolamento dell'individuo dal mondo esterno, dagli amici, dalla famiglia e da altre fonti di supporto. Questo crea un ambiente in cui l'individuo diventa altamente dipendente e influenzabile dal manipolatore o dal gruppo.

2. **Controllo delle Informazioni:** Limitando l'accesso alle informazioni e presentando solo una versione distorta della realtà, il manipolatore può creare una realtà alternativa in cui l'individuo viene indotto a credere.

3. **Induzione di Fatica:** Mantenendo l'individuo in uno stato di stanchezza cronica, può diventare

più difficile per loro pensare in modo critico e resistere alle influenze.

4. **Tecniche di Confusione:** Queste tecniche possono includere discorsi ambigui, domande retoriche o informazioni contraddittorie, il che rende difficile per l'individuo discernere ciò che è reale.

5. **Critica e Umoreguenza:** Alternando critiche severe con lodi o ricompense, il manipolatore può creare un ciclo di dipendenza emotiva, rendendo l'individuo ansioso di compiacere e temendo la disapprovazione.

6. **Chiamata a un Obiettivo Superiore:** Molti manipolatori presentano il loro punto di vista o obiettivo come superiore o trascendente, convincendo l'individuo che qualsiasi sacrificio o azione è giustificato in nome di questa causa superiore.

7. **Rituali Ripetitivi:** Attraverso la ripetizione di rituali, preghiere o altri comportamenti, l'individuo può essere condizionato a rispondere in modi specifici o ad accettare determinate credenze senza questionarle.

8. **Creazione di un Nemico:** Presentando una minaccia esterna o un "nemico", il manipolatore può unire il gruppo e giustificare comportamenti estremi o coercitivi.

9. **Manipolazione Emotiva:** Usando la colpa, la vergogna o la paura, il manipolatore può

costringere l'individuo ad aderire alle sue richieste o credenze.

10. **Rinforzi Positivi e Negativi:** Attraverso una combinazione di ricompense (rinforzi positivi) e punizioni (rinforzi negativi), l'individuo viene condizionato a comportarsi in modi desiderati dal manipolatore.

Il brainwashing è un processo potentemente coercitivo che può avere gravi ripercussioni sulla psicologia e sul benessere dell'individuo. È essenziale riconoscere e comprendere queste tecniche per poterle contrastare e proteggere le persone vulnerabili da potenziali manipolazioni.

## Meccanismi di Autodifesa dell'Individuo

Durante il processo di brainwashing, l'individuo non è semplicemente un ricevitore passivo. Ci sono vari meccanismi di autodifesa che possono attivarsi, anche se spesso sono soppressi o distorti dal manipolatore. Per esempio:

- **Dissociazione:** Di fronte a stress intensi o traumi, una persona potrebbe "staccarsi" dalla realtà o dal proprio senso del sé. Questa è una reazione difensiva che può aiutare temporaneamente a sopportare una situazione insostenibile, ma può anche rendere una persona più suscettibile alla manipolazione.
- **Ricerca di Coerenza:** L'essere umano ha un innato desiderio di trovare coerenza nelle proprie

credenze e comportamenti. Se un manipolatore introduce nuove e contraddittorie informazioni, l'individuo potrebbe cercare di "riorganizzare" le proprie credenze per risolvere questi conflitti, rendendo così effettivo il lavaggio del cervello.

- **Conferma Bias:** Tendiamo a cercare e dare credito a informazioni che confermano le nostre esistenti credenze e a ignorare o respingere quelle che le contraddicono. Un manipolatore esperto sa come sfruttare questo bias presentando informazioni in modo che sembrino allinearsi con le preesistenti convinzioni dell'individuo.

## Ambienti di Alto Rischio per il Brainwashing

Non tutte le situazioni sono ugualmente propense al lavaggio del cervello. Ci sono ambienti o situazioni che sono particolarmente ad alto rischio:

- **Culti Religiosi o Sette:** Questi gruppi spesso utilizzano tecniche di brainwashing per reclutare e mantenere i membri. Potrebbero promettere la salvezza, la conoscenza esoterica o altri benefici a chi si conforma, mentre minacciano l'esclusione o la dannazione per chi si oppone.
- **Campi di Prigionia e Rieducazione:** Storicamente, ci sono stati molti casi di prigionieri di guerra o dissidenti politici sottoposti a lavaggi del cervello in tali ambienti,

con l'obiettivo di ottenere confessioni, informazioni o conversioni ideologiche.

- **Relazioni Intime:** Stranamente, anche le relazioni personali possono diventare un terreno fertile per il brainwashing, specialmente se uno dei partner è manipolativo o abusivo.

**L'Importanza della Critica**

Un aspetto cruciale per proteggersi dal brainwashing è sviluppare e mantenere capacità critiche. Ciò include:

- **Educazione alla Media Literacy:** In un'era di disinformazione e notizie false, è essenziale essere in grado di valutare criticamente le informazioni presentate.

- **Pensiero Critico:** Oltre a valutare le informazioni, il pensiero critico coinvolge la capacità di riflettere sulle proprie credenze, identificare bias e logiche fallaci e prendere decisioni informate.

- **Reti di Supporto:** Avere una rete di amici e familiari fidati con cui discutere e riflettere può servire come "verifica della realtà", aiutando a riconoscere e resistere ai tentativi di manipolazione.

**Fattori Biologici e Neurologici**

Il cervello gioca un ruolo centrale nel processo di brainwashing. La manipolazione può alterare l'equilibrio dei neurotrasmettitori, influenzando l'umore, la percezione e il comportamento. Studi hanno suggerito che la prolungata esposizione a situazioni stressanti o traumatiche, come quelle presenti in un processo di lavaggio del cervello, può portare a cambiamenti fisici nel cervello, influenzando aree legate alla memoria, al pensiero critico e alla regolazione emotiva.

**Brainwashing nella Storia e nella Cultura**
La storia è costellata di episodi in cui il lavaggio del cervello ha svolto un ruolo cruciale:

- **Propaganda Politica:** Da regimi totalitari a democrazie, la propaganda ha spesso utilizzato tecniche di brainwashing per plasmare l'opinione pubblica. L'uso di simboli, slogan ripetitivi e messaggi unilaterali mirano a creare una visione del mondo accettabile per chi detiene il potere.
- **Pubblicità e Marketing:** Sebbene non sia malizioso come in altri contesti, il settore della pubblicità utilizza tecniche che influenzano sottilmente le decisioni dei consumatori, plasmando desideri, esigenze e percezioni attraverso l'uso strategico di immagini, suoni e narrazioni.
- **Tecniche di Rieducazione nelle Società Totalitarie:** Alcuni regimi hanno utilizzato "campi di rieducazione" per costringere i dissidenti o quelli considerati "fuori norma" a conformarsi ai desideri dello stato.

## Fattori Psicologici Inerenti al Brainwashing

Ci sono alcuni aspetti psicologici che rendono le persone più suscettibili al lavaggio del cervello:

- **Bisogno di Appartenenza:** Gli esseri umani hanno un innato desiderio di appartenere e di essere accettati. Questa necessità può essere sfruttata da manipolatori per indurre conformità o lealtà.

- **Cognizione Sociale:** Le persone spesso guardano agli altri per determinare come comportarsi, specialmente in situazioni ambigue. Questa tendenza, nota come conformità sociale, può essere sfruttata nei processi di brainwashing.

- **Disonanza Cognitiva:** Quando c'è una discrepanza tra ciò che crediamo e ciò che facciamo, sperimentiamo dissonanza cognitiva, uno stato di tensione psicologica. I manipolatori possono sfruttare questo stato, costringendo le persone a cambiare le loro credenze per allinearle al comportamento.

## Brainwashing e Tecnologia

Con l'avvento della tecnologia e dell'era digitale, le tecniche di brainwashing hanno assunto una nuova dimensione:

- **Ecosistemi Informativi Chiusi:** Con l'avvento dei social media e degli algoritmi personalizzati, gli individui possono ritrovarsi in "bolle informative", dove sono esposti solo a informazioni che rafforzano le loro preesistenti credenze, rendendoli più vulnerabili alla manipolazione.

- **Manipolazione Digitale:** Strumenti come deepfakes, contenuti generati da intelligenza artificiale e campagne di disinformazione online possono distorcere la percezione della realtà, facilitando il processo di lavaggio del cervello su larga scala.

## Brainwashing Vs Persuasione

È essenziale distinguere tra brainwashing e persuasione. Mentre entrambi cercano di cambiare atteggiamenti o comportamenti, la persuasione è tipicamente basata su argomentazioni logiche e consentite, mentre il brainwashing utilizza coercizione, inganno e manipolazione.

In definitiva, il lavaggio del cervello rappresenta un affascinante e allo stesso tempo inquietante aspetto della psicologia umana e delle relazioni interpersonali. La sua capacità di alterare le percezioni, le convinzioni e i comportamenti sottolinea la vulnerabilità dell'esperienza umana e l'importanza della consapevolezza, dell'istruzione e della critica nell'era moderna.

## Brainwashing e Resilienza Psicologica

Una delle domande fondamentali è: perché alcune persone resistono al brainwashing mentre altre cedono? La resilienza psicologica, che rappresenta la capacità di un individuo di adattarsi positivamente di fronte all'adversità, svolge un ruolo cruciale. Alcuni fattori che potrebbero contribuire alla resilienza di fronte al brainwashing includono:

- **Autoconsapevolezza:** Avere una forte conoscenza di sé e delle proprie convinzioni può servire come un "ancoraggio", aiutando gli individui a riconoscere e resistere ai tentativi di manipolazione.
- **Reti di Supporto Esterno:** Mantenere connessioni con amici, familiari o altri gruppi al di fuori dell'ambiente manipolativo può fornire una "verifica della realtà", aiutando le persone a mantenere una prospettiva equilibrata.
- **Educazione e Conoscenza:** Una comprensione di base delle tecniche di manipolazione e brainwashing può fungere da scudo, rendendo gli individui meno vulnerabili.

**Effetti a Lungo Termine del Brainwashing**

Gli effetti del brainwashing possono persistere molto tempo dopo che la manipolazione diretta è cessata:

- **Trauma e Stress Post-Traumatico:** L'esposizione prolungata a tecniche di lavaggio del cervello può portare a sintomi traumatici, simili a quelli osservati in sopravvissuti di abusi o conflitti.

- **Distrutto Senso dell'Identità:** Le vittime del brainwashing possono lottare con domande riguardanti la loro identità, credenze e valori, poiché questi aspetti fondamentali del sé sono stati attaccati e distorti.
- **Difficoltà nelle Relazioni Interpersonali:** Dopo aver vissuto una manipolazione intensa, le vittime potrebbero avere difficoltà a fidarsi degli altri o a stabilire relazioni sane.

### Tecniche di Brainwashing nella Cultura Popolare

La cultura popolare, dai film ai libri ai programmi TV, ha spesso esplorato il concetto di brainwashing:

- **Cinema:** Film come "The Manchurian Candidate" o "Clockwork Orange" esaminano la manipolazione mentale e le sue implicazioni etiche e politiche.
- **Letteratura:** Romanzi come "1984" di George Orwell offrono una visione distopica di società in cui il lavaggio del cervello di massa è utilizzato come strumento di controllo politico.
- **Musica:** Alcune canzoni e video musicali hanno affrontato temi di controllo mentale e manipolazione, riflettendo preoccupazioni e paure culturali.

### Metodi di Contro-Manipolazione

Come possono le persone proteggersi o recuperarsi dal brainwashing?

- **Terapia e Consulenza:** La terapia può aiutare le vittime del brainwashing a elaborare le loro esperienze, ricostruire il loro senso di sé e acquisire strategie per evitare futuri tentativi di manipolazione.
- **Educazione Continua:** I workshop, i seminari e i corsi che educano le persone sulle tecniche di manipolazione possono agire come una misura preventiva.
- **Reti di Supporto Specializzate:** Gruppi di supporto o organizzazioni dedicate possono offrire alle vittime una piattaforma per condividere le loro esperienze e ottenere aiuto.

**Tendenze Moderne e Brainwashing**

Con l'avvento delle tecnologie emergenti, le tecniche di manipolazione stanno evolvendo:

- **Realtà Virtuale (RV):** Con la RV che diventa sempre più immersiva, c'è il potenziale per nuovi metodi di manipolazione che sfruttano questi ambienti virtuali.
- **Intelligenza Artificiale (IA):** Con l'IA in grado di analizzare e prevedere il comportamento umano, vi è una crescente preoccupazione riguardo al suo potenziale utilizzo in tecniche di brainwashing.

Riconoscere e comprendere il brainwashing in tutte le sue sfaccettature è cruciale nella società moderna, non solo per proteggere le vittime potenziali, ma anche per affrontare

## Conclusione sulle Tecniche di Brainwashing

Il brainwashing, o lavaggio del cervello, rappresenta una delle sfide più insidiose nell'ambito della psicologia e delle interazioni umane. Questa pratica, radicata nell'arte della manipolazione, sfrutta le vulnerabilità dell'essere umano per alterare e controllare le percezioni, le emozioni e, in ultima analisi, le azioni dell'individuo.

## Riflessioni Storiche e Culturali

Dal contesto storico dei campi di prigionia alle rappresentazioni distopiche nella letteratura e nel cinema, il concetto di brainwashing ha sempre generato un mix di fascino e orrore. La sua presenza nella cultura popolare evidenzia le profonde paure e preoccupazioni collettive riguardanti la perdita dell'autonomia mentale e la vulnerabilità di fronte a forze coercitive.

## Complessità Psicologica

La psicologia del brainwashing è complessa. Non si tratta solo dell'atto di manipolare, ma anche di comprendere perché alcune persone cedono mentre altre resistono. Fattori come la resilienza psicologica, la rete di supporto, l'educazione e la propria storia personale possono influenzare la suscettibilità di un individuo.

## Implicazioni Tecnologiche e Future

Nell'era digitale, le tecniche di brainwashing stanno evolvendo e adattandosi, sfruttando nuovi strumenti e piattaforme. La realtà virtuale, l'intelligenza artificiale e i potenti algoritmi dei social media offrono nuovi scenari per la manipolazione, rendendo ancora più cruciale la necessità di sensibilizzare e educare il pubblico su questi rischi.

**Protezione e Recupero**

È essenziale riconoscere che il brainwashing, nonostante le sue potenti tecniche, non è invincibile. Gli individui possono proteggersi attraverso l'educazione, la consapevolezza e il supporto terapeutico. Coloro che sono stati vittime di brainwashing possono trovare percorsi verso il recupero, la riconquista della propria autonomia e la ricostruzione della propria identità.

In conclusione, il fenomeno del brainwashing richiede un esame continuo e un'attenzione critica. Man mano che la società e la tecnologia progrediscono, è nostro dovere come comunità rimanere informati, consapevoli e proattivi nel proteggere l'integrità della mente umana contro qualsiasi forma di manipolazione coercitiva.

12. Effetti delle Traume • Esplorare gli effetti delle traume sulla mente e sul comportamento.

## Effetti delle Traume sulla Mente e sul Comportamento

Le traume, sia fisiche che emotive, sono eventi disturbanti e stressanti che possono avere profonde ripercussioni sulla psiche e sul comportamento di un individuo. Le risposte agli eventi traumatici variano ampiamente a seconda dell'individuo, della natura del trauma e delle circostanze circostanti. Ecco un'analisi approfondita degli effetti delle traume sulla mente e sul comportamento:

1. **Risposta allo Stress Acuto:** Immediatamente dopo un evento traumatico, è comune sperimentare una serie di sintomi come ansia, paura, shock, negazione e confusione. Questa è una normale risposta del corpo al pericolo, attivando il sistema di risposta "combatti o fuggi".

2. **Disturbo da Stress Post-Traumatico (PTSD):** È una condizione che può svilupparsi dopo essere stati esposti a un evento traumatico, e i sintomi possono includere flashback, evitamento, iperarousal (come difficoltà a dormire o eccessiva irritabilità) e pensieri negativi persistenti riguardo a sé stessi o ad altri.

3. **Dissociazione:** Alcune persone possono sperimentare la dissociazione, che implica sentirsi disconnessi dal proprio corpo o dalla realtà. Questo può manifestarsi come "sensazione di intorpidimento" o come se si stesse osservando le cose da fuori del proprio corpo.

4. **Problemi di Memoria:** Le traume possono influenzare la capacità di una persona di ricordare l'evento traumatico o possono portare a ricordi intrusivi o ossessivi dell'evento.

5. **Depressione e Ansia:** Dopo un trauma, è comune sperimentare sintomi di depressione, come tristezza persistente, perdita di interesse nelle attività quotidiane e sentimenti di disperazione. Gli individui possono anche sviluppare disturbi d'ansia, attacchi di panico o fobie specifiche legate all'evento traumatico.

6. **Difficoltà nelle Relazioni Interpersonali:** Le persone traumatizzate possono avere difficoltà a fidarsi degli altri o possono diventare eccessivamente protettive o ipervigilanti. Questo può portare a problemi nelle relazioni con familiari, amici e partner.

7. **Comportamenti Autolesionistici o Suicidari:** In alcuni casi, gli individui possono ricorrere a comportamenti autolesionistici o avere pensieri suicidari come mezzo per gestire il dolore emotivo o la sofferenza associata al trauma.

8. **Abuso di Sostanze:** L'abuso di alcool, droghe o altre sostanze può diventare un mezzo per "autoprescriversi" o evadere dal dolore del trauma.

9. **Risposte Fisiologiche:** Oltre agli effetti psicologici, le traume possono avere ripercussioni fisiche come insonnia, disturbi gastrointestinali, mal di testa, problemi immunitari e altre risposte fisiologiche allo stress.

10. **Cambiamenti nella Percezione del Sé e del Mondo:** Le esperienze traumatiche possono alterare fondamentalmente la percezione che un individuo ha di sé stesso, degli altri e del mondo in generale. Ciò può portare a sentimenti di vergogna, colpa o una visione del mondo come luogo pericoloso e minaccioso.

È importante notare che non tutti gli individui che vivono un evento traumatico svilupperanno sintomi o disturbi a lungo termine. Molti fattori, tra cui la resilienza individuale, il supporto sociale, l'accesso alla terapia e alle risorse, e la natura stessa del trauma, influenzeranno l'esperienza post-traumatica di una persona. Tuttavia, riconoscere e comprendere gli effetti potenziali delle traume è fondamentale per offrire supporto adeguato e interventi tempestivi a chi ne ha bisogno.

**Effetti sullo Sviluppo Cognitivo e Emotivo**
Il trauma, specialmente quando vissuto durante le fasi cruciali dello sviluppo, può avere un impatto notevole sullo sviluppo cognitivo ed emotivo:

- **Ritardi nello Sviluppo:** Nei bambini, un trauma prolungato o severo può portare a ritardi nello sviluppo linguistico, motorio o sociale.

- **Disturbi dell'Apprendimento:** L'esposizione a eventi traumatici può influenzare la capacità di concentrazione, memoria e apprendimento, portando a difficoltà scolastiche.

- **Emotività Iperattiva:** Le persone traumatizzate possono diventare estremamente sensibili agli stimoli emotivi, reagendo in modo eccessivo a situazioni che altri potrebbero considerare neutre o lievemente stressanti.

**Reazioni Somatiche**
Gli effetti delle traume non si manifestano solo a livello emotivo o comportamentale, ma possono anche manifestarsi come sintomi fisici:

- **Sintomi Psicosomatici:** Questi sono sintomi fisici causati da fattori psicologici. Ad esempio, un individuo potrebbe sperimentare dolore cronico, affaticamento o altri sintomi senza una causa medica evidente.

- **Ipervigilanza:** Questa è una condizione in cui l'individuo è costantemente in stato d'allerta,

pronto a identificare segnali di pericolo anche
quando non sono presenti.

- **Reattività Allo Stress:** Un sistema
immunitario compromesso o una risposta
esagerata al minimo stress sono comuni nelle
persone che hanno subito traume.

**Impatto sul Senso dell'Identità**

Il trauma può influenzare profondamente il
modo in cui un individuo percepisce se stesso:

- **Bassa Autostima:** Molti sopravvissuti a traume
lottano con sentimenti di inadeguatezza,
vergogna o colpa.

- **Difficoltà nella Formazione dell'Identità:**
In particolare, gli adolescenti che vivono traume
possono avere difficoltà a formare un solido
senso di identità.

- **Sentimento di Isolamento:** Può emergere un
sentimento pervasivo di essere "diversi" dagli
altri o di essere incompresi.

**Impatto sulle Relazioni Future**

La capacità di formare e mantenere relazioni
sane può essere compromessa a seguito di
traume:

- **Difficoltà nell'Intimità:** Le vittime di traume,
specialmente traume relazionali come abusi,
potrebbero trovare difficile stabilire un legame
intimo con gli altri per paura di essere
nuovamente ferite.

- **Comportamenti Ossessivi o Clingy:** La paura dell'abbandono o il bisogno di rassicurazione potrebbero portare a comportamenti ossessivi o eccessivamente attaccati.
- **Evitamento delle Relazioni:** Al contrario, alcuni possono evitare completamente le relazioni, ritirandosi socialmente.

### Adattamenti Maladaptivi

A volte, le persone sviluppano meccanismi di coping che, sebbene possano fornire sollievo temporaneo, sono dannosi a lungo termine:

- **Nega

z

ione:** Rifiutare di accettare che l'evento traumatico sia accaduto o minimizzare la sua gravità.
- **Rumina

z

ione:** Pensare ossessivamente all'evento traumatico, analizzando continuamente ogni dettaglio.
- **Comportamenti Autodistruttivi:** Questi possono includere abuso di sostanze, automutilazione o comportamenti rischiosi.
- **Identificazione con l'Aggressore:** In alcuni casi, le vittime possono adottare le credenze o i comportamenti del loro aggressore, un fenomeno noto come "sindrome di Stoccolma".

In sintesi, mentre le traume hanno effetti innegabilmente devastanti, è importante sottolineare la capacità di resilienza che molte vittime mostrano. Con il giusto supporto, trattamento e comprensione, molte persone possono e fanno ricostruire le loro vite dopo eventi traumatici.

**Effetti Neurologici delle Traume**

Gli eventi traumatici non influenzano solo l'aspetto comportamentale e psicologico di un individuo, ma hanno anche un impatto diretto sul cervello:

- **Modifiche nella Struttura Cerebrale:** La ricerca ha mostrato che l'esposizione a traumi prolungati può portare a cambiamenti nella struttura e funzione di aree del cervello come l'ippocampo, l'amigdala e la corteccia prefrontale. Queste regioni sono associate alla memoria, alle emozioni e alla regolazione dell'umore.

- **Alterazioni nel Rilascio di Neurotrasmettitori:** L'esposizione a traumi può influenzare la produzione e il rilascio di neurotrasmettitori come la serotonina, la dopamina e il cortisolo. Questi squilibri chimici possono essere alla base di sintomi come la depressione, l'ansia e l'insonnia.

- **Risposte alla Paura e al Pericolo:**
L'amigdala, una regione del cervello associata
alle risposte emotive, può diventare iperattiva in
individui con PTSD, rendendo le persone più
reattive a segnali percepiti come minacciosi.

**Influenza sulle Funzioni Cognitive**

Gli effetti delle traume possono influenzare vari
aspetti delle funzioni cognitive:

- **Concentrazione e Attenzione:** Gli individui
possono trovare difficile concentrarsi su compiti
o mantenere l'attenzione per periodi prolungati.

- **Processo Decisionale:** La capacità di prendere
decisioni ponderate può essere compromessa,
con persone che agiscono impulsivamente o
evitando completamente di prendere decisioni.

- **Memoria:** Le vittime di traume possono avere
buchi di memoria riguardanti l'evento traumatico
o potrebbero soffrire di amnesia dissociativa,
dove blocchi di tempo vengono completamente
dimenticati.

**Effetti sulla Salute Generale**

Le risposte allo stress da trauma possono avere
una cascata di effetti sulla salute generale di un
individuo:

- **Sistema Immunitario Compromesso:**
L'esposizione prolungata allo stress può ridurre
l'efficacia del sistema immunitario, rendendo gli
individui più suscettibili a malattie e infezioni.

- **Disturbi del Sonno:** I disturbi come l'insonnia, gli incubi e il sonno interrotto sono comuni tra coloro che hanno subito traume.
- **Problemi Cardiovascolari:** Lo stress cronico e l'ansia possono aumentare il rischio di ipertensione, attacchi cardiaci e altre malattie cardiovascolari.

**Reazioni Evolutive al Trauma**

La reazione umana ai traumi può essere vista anche attraverso una lente evolutiva:

- **Meccanismi di Difesa:** In risposta al pericolo, gli esseri umani hanno sviluppato meccanismi di difesa come la lotta, la fuga o la paralisi. Queste risposte sono radicate nella nostra evoluzione e servono a proteggerci dalle minacce.
- **Ipervigilanza come Strumento di Sopravvivenza:** Essere costantemente all'erta per potenziali minacce potrebbe essere stato vantaggioso per i nostri antenati che vivevano in ambienti pericolosi.
- **Sistema Sociale e Trauma:** Gli esseri umani sono creature sociali, e la nostra capacità di formare legami stretti potrebbe servire come meccanismo di coping evolutivo, offrendo supporto e protezione dopo eventi traumatici.

Le traume, con tutte le loro ramificazioni complesse, mettono in evidenza la fragilità e, al contempo, la resilienza dell'esperienza umana. Mentre gli effetti possono essere profondamente debilitanti, con adeguata assistenza e supporto, la capacità di recupero e adattamento dell'individuo rimane una testimonianza della forza dell'animo umano.

**Traumi e Sviluppo Infantile**

Nelle fasi iniziali della vita, il cervello è particolarmente plasmabile, e le esperienze traumatiche possono avere ripercussioni durature:

- **Attaccamento Insecure:** I bambini che hanno subito traumi, in particolare da caregiver, possono sviluppare modelli di attaccamento insecure. Questo può manifestarsi come attaccamento ansioso, evitante o disorganizzato.

- **Ritardi nel Linguaggio:** Il trauma può influenzare lo sviluppo del linguaggio. I bambini possono avere difficoltà nell'espressione verbale dei loro sentimenti o delle loro esperienze.

- **Difficoltà nel Gioco:** Il gioco è un modo naturale con cui i bambini esplorano il mondo e esprimono se stessi. I bambini traumatizzati potrebbero mostrare comportamenti ripetitivi, aggressivi o ritirati durante il gioco.

**Effetti a Lungo Termine delle Traume Infantili**

Le esperienze traumatiche durante l'infanzia possono portare a problemi che persistono nell'età adulta:

- **Disturbi dell'Alimentazione:** Le esperienze traumatiche, in particolare gli abusi, sono state collegate allo sviluppo di disturbi dell'alimentazione in seguito nella vita.
- **Disturbi della Personalità:** Traume, in particolare quelle vissute durante fasi cruciali dello sviluppo, possono contribuire allo sviluppo di disturbi della personalità, come il disturbo borderline di personalità.

### Trauma e Creatività

Alcune ricerche suggeriscono che l'esperienza del trauma possa avere una relazione complessa con la creatività:

- **Elaborazione Creativa:** Alcuni individui usano forme d'arte come pittura, scrittura o musica come mezzo per elaborare e dare un senso alle loro esperienze traumatiche.
- **Sensibilità Elevata:** Gli individui che hanno vissuto traumi possono sviluppare una maggiore sensibilità e profondità di emozione, che possono alimentare la creatività.

### Trauma e Spiritualità

La connessione tra trauma e spiritualità è multifaccettata:

- **Ricerca di Significato:** Molte persone cercano significato o una comprensione più profonda della loro sofferenza attraverso percorsi spirituali o religiosi.

- **Crisi di Fede:** D'altro canto, un evento traumatico può portare a una crisi di fede, dove gli individui mettono in discussione o rifiutano le loro credenze precedenti.
- **Rituali e Guarigione:** Alcune culture e tradizioni utilizzano rituali specifici come mezzo per aiutare gli individui a elaborare e guarire da traume.

**Influenza delle Traume sull'Autoefficacia**

L'autoefficacia si riferisce alla convinzione di un individuo nella propria capacità di completare compiti e raggiungere obiettivi:

- **Diminuzione della Fiducia:** A seguito di un trauma, gli individui possono perdere fiducia nelle loro capacità, sentendosi impotenti o inefficaci.
- **Supera

z

ione e Crescita:** Tuttavia, alcune persone possono trovare nuove forze dopo un trauma, sviluppando una maggiore resilienza e una rinnovata fiducia nelle proprie capacità.

**L'intersezione tra Trauma e Cultura**

La percezione e la reazione al trauma possono essere fortemente influenzate dal contesto culturale:

- **Espressione del Dolore:** Mentre in alcune culture può essere accettato ed encouraggiato esprimere apertamente il dolore e la sofferenza, in altre potrebbe essere visto come un segno di debolezza.

- **Riti e Tradizioni:** Alcune culture hanno tradizioni specifiche o riti di passaggio che aiutano gli individui a elaborare eventi traumatici.

Mentre la vastità e la profondità delle traume e delle loro ripercussioni sono enormi, è cruciale riconoscere la capacità intrinseca dell'individuo di adattarsi, guarire e crescere. Con il sostegno appropriato e l'ambiente giusto, la resilienza può emergere persino dalle esperienze più dolorose.

## Conclusione: Effetti delle Traume sulla Mente e sul Comportamento

Le traume rappresentano una delle esperienze umane più perturbanti, con la capacità di influenzare profondamente la psiche, il comportamento e la biologia dell'individuo. Queste esperienze possono variare da eventi singoli acuti a traumi prolungati o ripetuti nel tempo. La profondità e l'ampiezza delle loro ripercussioni sono vaste e possono manifestarsi in molteplici dimensioni della vita di un individuo.

Dal punto di vista neurologico, le traume influenzano aree cruciali del cervello, alterando la produzione e il rilascio di neurotrasmettitori e modellando la struttura cerebrale. Questi cambiamenti possono portare a disfunzioni cognitive, comportamentali ed emotive. Le risposte allo stress da trauma, come l'ipervigilanza e la reattività aumentata al pericolo, sono radicate nella nostra biologia evolutiva, originariamente progettate per proteggerci, ma che in un contesto moderno possono diventare maladattive.

A livello comportamentale ed emotivo, le traume possono causare una vasta gamma di sintomi, da quelli acuti come shock e negazione a condizioni a lungo termine come il disturbo da stress post-traumatico (PTSD). Questi effetti possono anche manifestarsi come problemi relazionali, difficoltà nell'intimità, comportamenti autodistruttivi e una miriade di altre reazioni.

L'infanzia, un periodo sensibile nello sviluppo umano, quando il trauma viene sperimentato, può avere ripercussioni durature che si manifestano in problemi di attaccamento, difficoltà nel gioco, e potenzialmente disturbi della personalità o dell'apprendimento in seguito nella vita.

È anche fondamentale riconoscere l'interazione tra trauma e cultura. La nostra comprensione, espressione e elaborazione del trauma sono fortemente influenzate dal nostro contesto culturale, tradizioni e credenze.

Infine, sebbene le traume possano causare profonde ferite, è essenziale sottolineare la capacità di resilienza dell'essere umano. Con il supporto adeguato, che può includere terapia, sostegno sociale, e talvolta rituali culturali o spirituali, molti sono in grado di trovare un percorso di guarigione. Questo percorso può non solo portare alla ripresa, ma in alcuni casi, può portare a una crescita post-traumatica, dove gli individui trovano nuovi significati, forze e scopi a seguito delle loro esperienze.

In sintesi, mentre il trauma ha il potere di alterare profondamente la traiettoria della vita di un individuo, l'essenza dell'esperienza umana è tale che la guarigione, la crescita e la trasformazione rimangono possibili e raggiungibili.

13. Gaslighting • Analizzare la tecnica del gaslighting e come influisce sulla percezione della realtà.

## Gaslighting: Analisi e Influenza sulla Percezione della Realtà

Il termine "gaslighting" deriva dal titolo di una pièce teatrale del 1938 chiamata "Gas Light", poi diventata un film nel 1944. La trama ruota attorno a un marito che cerca di far credere a sua moglie che sta perdendo la ragione manipolando elementi del suo ambiente e insistendo poi che lei sta ricordando erroneamente o immaginando le cose, inclusa la diminuzione dell'intensità delle luci a gas nella loro casa (da cui il nome).

## Cos'è il Gaslighting?

Il gaslighting è una forma di manipolazione psicologica in cui una persona cerca di seminare dubbi in un individuo o in un gruppo, facendo loro domandare la loro memoria, percezione o giudizio. È spesso utilizzato come mezzo di controllo, abuso o deflessione.

## Tecniche del Gaslighting

Le tattiche del gaslighting possono variare ma includono:

1. **Negazione**: Anche quando ci sono prove concrete, il manipolatore negherà di aver fatto o detto qualcosa.

2. **Trivializzazione**: Ridurre l'importanza di sentimenti o preoccupazioni dell'altro, sostenendo che stiano reagendo in modo eccessivo.

3. **Divertire la colpa**: Il manipolatore potrebbe distogliere l'attenzione da ciò che hanno fatto e incolpare la vittima per ciò che è accaduto.

4. **Contraddizione**: Fornire informazioni contraddittorie per seminare il dubbio nella mente della vittima.

5. **Concludere falsamente**: Il manipolatore potrebbe dire cose come "Tutti pensano che tu stia esagerando" o "Nessuno è d'accordo con te", cercando di isolare la vittima e sminuirne la percezione.

**Impatto sulla Percezione della Realtà**

Il gaslighting ha effetti profondi sulla percezione della realtà di un individuo:

1. **Dubbio Costante**: La vittima può iniziare a dubitare della propria memoria o giudizio.

2. **Riduzione dell'Autostima**: Sentendo costantemente che la propria percezione è sbagliata, la vittima può iniziare a sentirsi insicura o incompetente.

3. **Dipendenza dal Manipolatore**: Nel tempo, la vittima può diventare sempre più dipendente dal manipolatore per definire la propria realtà, specialmente se la vittima è isolata da altre fonti di supporto o realtà.

4. **Stress e Ansia**: Vivere in uno stato di continua incertezza può portare a elevati livelli di stress e ansia.

5. **Depressione**: A lungo termine, il gaslighting può contribuire allo sviluppo di sintomi depressivi, dato che l'individuo può sentirsi intrappolato e impotente.

## Conclusione

Il gaslighting è una potente forma di manipolazione psicologica. Ha l'effetto di sminuire la vittima e rafforzare la posizione di potere del manipolatore. La consapevolezza di questa tattica è essenziale per riconoscerla e proteggersi. Se una persona crede di essere vittima di gaslighting, è cruciale cercare supporto e aiuto, che potrebbe provenire da amici fidati, terapeuti o gruppi di supporto. Con il giusto sostegno e strategie, le vittime del gaslighting possono recuperare la fiducia nella propria percezione e ricostruire la propria autostima.

## Origini e Uso Sociale del Gaslighting

Mentre il termine "gaslighting" ha le sue radici nell'arte, il fenomeno esiste da molto prima che fosse mai definito in questo modo. Durante la storia, le figure autoritarie, sia nei contesti familiari che politici, hanno utilizzato tattiche simili al gaslighting per mantenere il controllo e l'autorità.

**Ambiti di Applicazione del Gaslighting**

1. **Relazioni Intime**: Il gaslighting è particolarmente nefasto nelle relazioni personali, dove la vicinanza e la fiducia possono rendere la vittima particolarmente vulnerabile. In questi contesti, il gaslighting può essere usato per mascherare infedeltà, abusi finanziari o altre forme di tradimento.

2. **Ambiente di Lavoro**: I superiori o i colleghi possono utilizzare il gaslighting per sminuire le realizzazioni di un individuo, prendere il merito per il suo lavoro o deviare la colpa degli errori su di lui.

3. **Politica**: I leader politici o i regimi possono ricorrere al gaslighting per negare le realtà evidenti, sminuire le critiche o rafforzare la loro narrativa.

**Gaslighting e Tecnologia**

Con l'avvento della tecnologia, il gaslighting ha preso nuove forme:

- **Falsificazione Digitale**: La manipolazione delle conversazioni digitali, come messaggi di testo o e-mail, può essere utilizzata per confondere o smentire la vittima.

- **Disinformazione e "Fake News"**: In una società sempre più connessa, la proliferazione di informazioni false o fuorvianti può servire come un'enorme piattaforma di gaslighting, facendo domandare alle persone cosa sia vero.

**Profili Psicologici dei Gaslighter**
Comprendere le motivazioni dietro il gaslighting
può aiutare a identificarlo e a contrastarlo:
- **Bisogno di Controllo**: Alcuni individui
  possono utilizzare il gaslighting come mezzo per
  mantenere il controllo su altri, in particolare in
  relazioni in cui si sentono insicuri o minacciati.
- **Difesa**: Una persona che ha commesso un torto
  potrebbe utilizzare il gaslighting come mezzo per
  evitare la responsabilità, negando l'evento o
  distorcendo i fatti.
- **Narcisismo**: Gli individui con tratti narcisistici
  possono utilizzare il gaslighting come uno
  strumento per mantenere una percezione
  superiore di se stessi, spesso a spese degli altri.

**Implicazioni a Lungo Termine per la Vittima**
- **Disturbi dell'Identità**: Costantemente messi
  in dubbio e fatti sentire come se la propria realtà
  fosse distorta, gli individui possono iniziare a
  lottare con il senso di chi sono veramente.
- **Difficoltà nelle Relazioni Future**: Le vittime
  di gaslighting possono diventare ipervigilanti e
  diffidenti nelle relazioni future, temendo ulteriori
  manipolazioni.
- **Dipendenza**: Nell'incertezza costante creata dal
  gaslighting, la vittima può diventare sempre più
  dipendente dal manipolatore, cercando
  rassicurazione o validazione.

Il gaslighting è insidioso in quanto attacca direttamente la capacità dell'individuo di fidarsi di se stesso e della propria percezione. Riconoscere questi comportamenti e avere una rete di supporto può aiutare le vittime a difendersi e a recuperare.

**La Sottigliezza del Gaslighting**

Una delle caratteristiche più insidiose del gaslighting è quanto possa essere sottile. Non si manifesta sempre attraverso negazioni evidenti o manipolazioni palesemente aggressive. A volte, può assumere la forma di domande apparentemente innocenti o commenti che, nel tempo, erodono la fiducia di una persona nelle proprie percezioni.

**Gaslighting e Culture Collettive**

In alcune culture, esiste un'enfasi sul collettivo piuttosto che sull'individuo. In tali contesti, il gaslighting può manifestarsi in modo diverso. Una persona potrebbe essere accusata di ricordare male un evento o di reagire in modo eccessivo non solo da un individuo ma dalla collettività, amplificando il dubbio e la confusione.

**Differenze di Genere e Gaslighting**

Le donne, in particolare, sono state storicamente soggette a forme di gaslighting, spesso dipinte come "emotive" o "irrazionali". Questo tipo di manipolazione può spesso perpetuare stereotipi di genere e creare dinamiche di potere sbilanciate.

## Gaslighting e Salute Mentale

Il gaslighting può avere gravi ripercussioni sulla salute mentale delle vittime. Le persone che subiscono gaslighting possono sviluppare ansia, depressione o disturbi dell'umore. Possono anche iniziare a mostrare sintomi di disturbi dissociativi, dove si sentono distaccate dalla realtà o da se stesse.

## Gaslighting in Era Digitale

Nell'era dei social media, il gaslighting può assumere nuove dimensioni. Le persone possono manipolare le immagini, alterare le conversazioni o creare falsi account per seminare discordia o confusione.

## Prevenzione e Contrasto al Gaslighting

1. **Educazione e Consapevolezza**: Una delle armi più potenti contro il gaslighting è l'educazione. Conoscere e riconoscere i segni può aiutare le persone a identificarlo quando accade.

2. **Documentazione**: Mantenere una registrazione delle interazioni sospette può aiutare a contrastare le tattiche di gaslighting. Questo può assumere la forma di note scritte, messaggi di testo salvati o registrazioni audio.

3. **Convalida da Terze Parti**: Parlare con amici, familiari o professionisti può aiutare a convalidare le proprie percezioni e sensazioni.

## Gaslighting e Autostima

Al di là della percezione distorta della realtà, una delle ferite più profonde inflitte dal gaslighting è l'erosione dell'autostima. La vittima può iniziare a credere di non essere degna, competente o capace. Questa perdita di fiducia può influenzare tutte le aree della vita, dalle relazioni personali alle opportunità professionali.

## Conclusione Temporanea

Sebbene il gaslighting possa sembrare un concetto relativamente semplice, le sue ramificazioni sono profonde e complesse. Si insinua nelle crepe delle relazioni, nelle dinamiche di potere e nella psiche dell'individuo, rendendolo uno dei comportamenti manipolativi più dannosi. La chiave per combatterlo è la consapevolezza, l'educazione e l'affermazione della propria verità.

## Gaslighting e Meccanismi di Difesa Psicologica

Quando un individuo è sottoposto a gaslighting, il suo cervello può adottare diversi meccanismi di difesa per proteggersi dallo stress e dalla confusione. Questi meccanismi possono includere negazione, repressione e razionalizzazione. L'individuo potrebbe negare che il gaslighting stia avvenendo, reprimere i sentimenti e le emozioni correlate o razionalizzare il comportamento del manipolatore.

## Gaslighting nei Media

Con l'importanza crescente dei media nella nostra società, il gaslighting viene spesso rappresentato in film, programmi televisivi e notizie. Queste rappresentazioni possono sia educare il pubblico sulle tattiche e sugli effetti del gaslighting, sia perpetuare incomprensioni e stereotipi. È essenziale per il pubblico essere critico e informato quando si confronta con queste rappresentazioni.

## Gaslighting e Cognizione

Dal punto di vista cognitivo, il gaslighting può influire sul modo in cui elaboriamo e memorizziamo le informazioni. Quando costantemente sottoposti a dubbi e manipolazioni, il nostro cervello può iniziare a dare priorità a certi ricordi o informazioni rispetto ad altri, o a modificare il modo in cui tali ricordi vengono archiviati.

## Il Gaslighting attraverso le Generazioni

Il gaslighting può anche avere radici generazionali. Se qualcuno è cresciuto in un ambiente in cui il gaslighting era una pratica comune, potrebbe non riconoscerlo come un comportamento dannoso e potrebbe perpetuare il ciclo, utilizzandolo nei propri rapporti.

## Gaslighting e Cultura Organizzativa

In alcune organizzazioni o aziende, il gaslighting può diventare parte della cultura. I dipendenti potrebbero essere regolarmente sottoposti a tattiche di gaslighting da parte dei superiori o dei colleghi. Questo può portare a un ambiente di lavoro tossico, dove la fiducia è erosa e la produttività diminuisce.

## Gaslighting e Disturbi di Personalità

Sebbene il gaslighting possa essere utilizzato da chiunque, alcune persone con specifici disturbi di personalità, come il disturbo di personalità narcisistica o il disturbo di personalità borderline, potrebbero essere particolarmente inclini a utilizzare tattiche di gaslighting. È importante notare che non tutte le persone con questi disturbi useranno il gaslighting e non tutti quelli che usano il gaslighting hanno un disturbo di personalità.

## Effetti Fisiologici del Gaslighting

Oltre agli effetti psicologici, il gaslighting può avere ripercussioni fisiologiche. L'esposizione costante al gaslighting può innescare una risposta allo stress nel corpo, portando a sintomi come aumento della frequenza cardiaca, insonnia, problemi digestivi e stanchezza.

**Tecniche per Riconoscere il Gaslighting**
Dato che il gaslighting può essere così insidioso, sviluppare competenze per riconoscerlo è fondamentale:

1. **Auto-riflessione**: Prendersi del tempo per riflettere sulle proprie percezioni e sentimenti.

2. **Confronto con la Realtà**: Confrontare la propria percezione degli eventi con prove oggettive, come messaggi, e-mail o altre documentazioni.

3. **Ricerca di Pattern**: Se si nota un pattern di comportamento che induce confusione o dubbi sulla propria percezione, potrebbe essere un segno di gaslighting.

4. **Affidarsi a una Rete di Supporto**: Parlando con amici, familiari o terapisti, si può ottenere una prospettiva esterna sulla situazione.
Il gaslighting, con la sua natura insidiosa e manipolativa, rappresenta una sfida sia per chi lo subisce sia per chi cerca di comprenderlo. Aumentare la consapevolezza e la comprensione di questa tattica può aiutare a proteggere se stessi e gli altri da possibili danni.

**Conclusione: Gaslighting e la sua Pervasiva Influenza sulla Percezione della Realtà**
Il gaslighting, come pratica di manipolazione psicologica, ha profonde e durature ripercussioni

sulla psiche dell'individuo. La sua natura insidiosa si radica nella capacità del manipolatore di alterare la percezione della realtà della vittima, creando uno stato di confusione, dubbio e crescente insicurezza.

Dal contesto delle relazioni intime alle dinamiche di potere in organizzazioni e società più ampie, il gaslighting ha la potenza di sconvolgere la fiducia fondamentale di un individuo nella propria memoria, giudizio e percezione. Questa erosione della fiducia può portare a una serie di problemi psicologici, tra cui ansia, depressione e una riduzione generale dell'autostima. Gli effetti fisiologici, come l'insonnia o il disagio digestivo, sono una testimonianza tangibile di come queste manipolazioni mentali possono avere un impatto reale e tangibile sul benessere fisico.

All'interno di questa dinamica, ciò che è particolarmente nefasto è il cambiamento sottile e graduale nel modo in cui la vittima vede se stessa e il mondo intorno a lei. Con il passare del tempo, la vittima può diventare sempre più dipendente dal manipolatore per validazione e chiarezza, una trappola che può essere difficile da riconoscere e, successivamente, da sfuggire.

Tuttavia, è essenziale sottolineare che, sebbene le tattiche di gaslighting siano potenti, la resistenza e la resilienza sono possibili. L'educazione e la consapevolezza sono le prime linee di difesa.

Riconoscere i segni, mantenere la documentazione e costruire una solida rete di supporto sono strategie cruciali per proteggere se stessi. La terapia può offrire ulteriore supporto, aiutando le vittime a ricostruire la fiducia in se stesse e a elaborare le complesse emozioni legate all'esperienza.

In conclusione, mentre il gaslighting rappresenta una sfida significativa per molti, la capacità di superarlo e prosperare al di là di esso è una testimonianza della forza e della resilienza dell'essere umano. Con le risorse e il supporto adeguati, le vittime del gaslighting possono riappropriarsi della propria realtà, ristabilire la fiducia in se stesse e avanzare verso un futuro di maggiore chiarezza e autenticità.

14. Machiavellismo • Esaminare le caratteristiche del comportamento machiavellico.

## Machiavellismo: Caratteristiche del Comportamento Machiavellico

Il termine "machiavellismo" deriva dal filosofo e scrittore rinascimentale Niccolò Machiavelli, noto principalmente per il suo trattato politico "Il Principe", pubblicato nel 1532. Machiavelli, nelle sue opere, esponeva una visione realistica del potere politico, suggerendo che per mantenere il potere, un leader potrebbe dover compiere azioni che potrebbero non essere considerate moralmente giuste. Il machiavellismo, come concetto psicologico, è diventato sinonimo di manipolazione, astuzia e una mancanza di morale o etica nel raggiungimento degli obiettivi personali.

**Caratteristiche del Comportamento Machiavellico**

1. **Manipolazione Strategica**: Le persone con tratti machiavellici sono esperte nel manipolare gli altri per i loro interessi. Utilizzano strategie sofisticate per influenzare e controllare le percezioni e le azioni degli altri.

2. **Focus sull'Autointeresse**: Tendono a mettere i propri interessi al di sopra di tutto il resto. L'empatia e il benessere degli altri sono spesso secondari rispetto ai loro obiettivi.

3. **Cinismo**: Credono che la maggior parte delle persone sia motivata da interessi personali piuttosto che da moralità o etica.

4. **Mancanza di Etica Morale**: Mentre possono comprendere le norme morali e sociali, spesso le ignorano se ritengono che agire altrimenti sia a loro vantaggio.

5. **Abilità Interpersonali**: Nonostante possano apparire come individui freddi o calcolatori, molte persone machiavelliche hanno eccellenti abilità interpersonali. Sono spesso carismatici e

in grado di adattarsi rapidamente a diverse situazioni sociali.

6. **Visione a Breve Termine**: Anche se possono pianificare e manipolare con abilità, tendono a concentrarsi su guadagni e obiettivi a breve termine piuttosto che su risultati a lungo termine.

7. **Razionalizzazione**: Le persone machiavelliche sono maestre nel razionalizzare le proprie azioni, trovando giustificazioni logiche per comportamenti che altri potrebbero considerare immorali o ingiusti.

8. **Capacità di Dissociazione Emotiva**: Sono spesso in grado di separare le proprie emozioni dalle loro azioni, permettendo loro di compiere azioni che potrebbero essere emotivamente difficili per gli altri.

9. **Desiderio di Potere**: Molte delle loro azioni sono motivate da un desiderio di potere o controllo sugli altri.

10. **Pragmatismo**: Valutano le situazioni basandosi su ciò che è pratico o vantaggioso piuttosto che su ciò che è giusto o etico.
Nel contesto moderno, il machiavellismo è uno dei "Big Three" tratti di personalità nella psicologia oscura, insieme al narcisismo e alla psicopatia. Questi tratti sono stati ampiamente studiati per il loro impatto sul comportamento individuale e interpersonale. Mentre il

machiavellismo, come i suoi compagni "Big Three", può avere connotazioni negative, è importante notare che non tutte le persone che esibiscono tratti machiavellici sono necessariamente malevoli o dannose. Come con qualsiasi tratto di personalità, c'è una vasta gamma di manifestazioni e intensità.

**Machiavellismo nel Contesto Lavorativo**
In ambito professionale, le persone con forti tendenze machiavelliche possono emergere come leader o figure di potere. Questi individui possono usare le loro abilità di manipolazione e persuasione per avanzare nella gerarchia aziendale. Non è raro che tali persone utilizzino l'adulazione, il favore reciproco o la disinformazione come strumenti per ottenere ciò che desiderano. Allo stesso tempo, possono essere molto bravi a gestire le crisi, poiché la loro capacità di dissociazione emotiva può permettere loro di prendere decisioni difficili senza farsi influenzare eccessivamente dalle emozioni.

**Machiavellismo nelle Relazioni Interpersonali**
Nei rapporti personali, un individuo machiavellico può essere un amico o un partner apparentemente affettuoso e attento, ma potrebbe utilizzare la relazione principalmente come mezzo per raggiungere un fine. Questi

individui possono essere esperti nel "leggere" le persone e capire quali leve tirare per ottenere una reazione desiderata. Questa abilità può rendere difficile per gli altri riconoscere quando stanno venendo manipolati.

**Origini del Comportamento Machiavellico**

Mentre le cause esatte del machiavellismo non sono completamente chiare, ci sono diverse teorie che suggeriscono una combinazione di fattori genetici, biologici e ambientali. Alcuni studi suggeriscono che un'infanzia caratterizzata da instabilità o da un'educazione con poca guida morale può contribuire allo sviluppo di tendenze machiavelliche. Inoltre, l'esposizione a modelli di ruolo manipolativi o il rinforzo positivo per comportamenti manipolativi durante gli anni formativi potrebbero anch'essi giocare un ruolo.

**Differenze Culturali e Machiavellismo**

È interessante notare che la percezione e la prevalenza del machiavellismo possono variare a seconda delle culture. In alcune società, un comportamento machiavellico potrebbe essere visto come una necessità per avere successo in un ambiente altamente competitivo. In altre culture, tali comportamenti potrebbero essere stigmatizzati e visti come immorali o disonesti.

**Machiavellismo e Altri Tratti Oscuri**

Mentre il machiavellismo è spesso associato ad altri tratti oscuri come il narcisismo e la psicopatia, è importante sottolineare che non sono la stessa cosa. Una persona può mostrare tendenze machiavelliche senza necessariamente essere narcisista o psicopatica. Tuttavia, quando questi tratti si sovrappongono, possono intensificare le tendenze manipolative e l'assenza di empatia.

## Machiavellismo e Intelligenza Sociale

Nonostante le connotazioni negative del machiavellismo, è importante riconoscere che esso può anche essere correlato a un'alta intelligenza sociale. Gli individui machiavellici possono avere una profonda comprensione della psicologia umana, permettendo loro di "leggere" le persone e le situazioni con una precisione notevole.

## Implicazioni Terapeutiche

Riconoscere e affrontare il machiavellismo in un contesto terapeutico può essere una sfida, ma non è impossibile. La terapia può aiutare le persone con tendenze machiavelliche a sviluppare una maggiore consapevolezza dei loro comportamenti e delle motivazioni sottostanti. Può anche aiutare a identificare e adottare strategie alternative per soddisfare i bisogni e gli obiettivi senza ricorrere alla manipolazione.

## Machiavellismo e Neuroscienza

Studi recenti hanno tentato di esaminare le basi neurologiche del machiavellismo. Sebbene l'area sia ancora in esplorazione, alcuni studi di neuroimaging hanno mostrato differenze nella struttura e nell'attività del cervello di individui con alti punteggi di machiavellismo. In particolare, aree del cervello associate alla teoria della mente, che è la capacità di attribuire stati mentali agli altri e a se stessi, possono essere particolarmente attive in individui machiavellici, indicando una maggiore capacità di prevedere e influenzare il comportamento altrui.

## Impatto della Tecnologia e dei Social Media

Con l'avvento dei social media e della tecnologia digitale, il machiavellismo ha trovato nuovi modi per manifestarsi. Le persone con inclinazioni machiavelliche possono utilizzare piattaforme online per manipolare le percezioni pubbliche, diffondere disinformazione o costruire una falsa immagine di sé. L'anonimato e la vastità di internet possono rendere più facile per queste persone perpetrare tattiche manipolative senza conseguenze immediate.

## Implicazioni per le Organizzazioni

In un ambiente aziendale, il machiavellismo può avere sia pro che contro. Da un lato, gli individui machiavellici possono essere strategisti astuti, capaci di navigare con abilità la politica aziendale e di prendere decisioni difficili quando necessario. Tuttavia, possono anche creare un ambiente di lavoro tossico, minando la fiducia e la cooperazione tra i colleghi. Le aziende potrebbero dover adottare misure specifiche per riconoscere e gestire il comportamento machiavellico, garantendo al contempo un ambiente di lavoro equo e rispettoso.

## Machiavellismo e Leadership

Sebbene il machiavellismo possa sembrare incompatibile con una leadership efficace, alcune ricerche suggeriscono che i leader machiavellici possono avere successo in determinate circostanze. La loro capacità di focalizzarsi sugli obiettivi, di strategizzare e di prendere decisioni senza farsi frenare eccessivamente dalle emozioni può essere utile in situazioni di crisi. Tuttavia, il rischio è che tali leader possano trascurare il benessere dei loro subordinati o prendere decisioni che favoriscono i loro interessi personali a scapito del gruppo o dell'organizzazione.

### Genetica e Machiavellismo

Mentre l'ambiente gioca indubbiamente un ruolo chiave nel plasmare il comportamento machiavellico, la ricerca suggerisce anche una possibile componente genetica. Studi su gemelli, ad esempio, hanno indicato che il machiavellismo ha una certa ereditabilità, anche se l'interazione tra geni e ambiente rimane cruciale nella determinazione del comportamento individuale.

### Educazione e Prevenzione

Educare le persone sul machiavellismo e sulle sue manifestazioni può aiutare a prevenire o almeno mitigare alcuni dei suoi effetti negativi. Questo può includere la formazione in ambito scolastico sull'importanza dell'empatia, della cooperazione e dell'etica, nonché l'insegnamento delle competenze necessarie per riconoscere e resistere alle tattiche manipolative.

### Machiavellismo e Cultura Popolare

Il machiavellismo non è solo un argomento di studio accademico, ma ha trovato la sua rappresentazione anche nella cultura popolare. Film, romanzi e programmi televisivi spesso presentano personaggi machiavellici che usano la loro astuzia e manipolazione per avanzare nelle loro trame. Questi personaggi possono essere sia antagonisti che protagonisti, e spesso sono ritratti con una combinazione di ammirazione e avversione.

## Rapporti tra Machiavellismo e Altri Disturbi della Personalità

Sebbene il machiavellismo sia distinto da disturbi specifici della personalità, esiste una certa sovrapposizione in termini di comportamenti e tratti. Ad esempio, il Disturbo Antisociale della Personalità condivide con il machiavellismo una mancanza di riguardo per i diritti degli altri e una tendenza alla manipolazione. Tuttavia, è essenziale distinguere tra un tratto di personalità e un disturbo di personalità completo.

## Machiavellismo e Politica

Molte figure politiche storiche e contemporanee sono state descritte come machiavelliche, data la natura intrinsecamente strategica e competitiva della politica. In alcuni casi, il machiavellismo potrebbe essere visto come una necessità per navigare con successo nell'arena politica. Tuttavia, vi è una sottile linea tra l'usare la strategia per il bene pubblico e l'usare tattiche manipolative per il guadagno personale.

## Femminilità, Mascolinità e Machiavellismo

La percezione e l'espressione del machiavellismo possono differire tra generi. Ad esempio, mentre gli uomini potrebbero essere più spesso associati al machiavellismo in contesti come la politica o il mondo degli affari, le donne potrebbero essere descritte come machiavelliche in contesti sociali o familiari. Questi stereotipi di genere, tuttavia, possono essere fuorvianti e non riflettere necessariamente la realtà del comportamento machiavellico tra i generi.

## Età e Machiavellismo

L'intensità e la manifestazione del machiavellismo possono variare con l'età. Mentre i giovani potrebbero esibire comportamenti machiavellici come esplorazione o ribellione, gli adulti maturi potrebbero sviluppare un approccio più calcolato e strategico. Con l'età, alcune persone possono diventare meno machiavelliche, mentre altre potrebbero rafforzare ulteriormente questi tratti.

## Machiavellismo e Spiritualità

La relazione tra machiavellismo e spiritualità è complessa. Mentre alcune dottrine spirituali o religiose promuovono l'empatia, l'altruismo e la moralità, ci sono casi storici e contemporanei di figure religiose che esibiscono comportamenti machiavellici, utilizzando la loro posizione o la loro fede come mezzo per guadagno personale o potere.

## Machiavellismo e Resilienza

Nonostante le connotazioni negative, possedere alcuni tratti machiavellici può anche correlarsi con una maggiore resilienza. Questi individui possono essere particolarmente abili nel superare ostacoli o avversità, dato il loro focus sul raggiungimento di obiettivi e la loro capacità di distaccarsi emotivamente.

**Conclusione**

Il machiavellismo, nella sua essenza, è una lente attraverso la quale possiamo esaminare la complessità della natura umana, della motivazione e del comportamento. Esso incarna la tensione tra l'autointeresse e il bene comune, tra la strategia e la spontaneità. Come ogni tratto o comportamento, non esiste in un vuoto, ma è influenzato da una miriade di fattori, da biologici a sociali, che contribuiscono alla ricca tapezzeria della psicologia umana.

**Conclusione sul Machiavellismo: Una Profonda Esplorazione Comportamentale**

Il machiavellismo, come concetto, si snoda attraverso le complesse maglie della personalità umana, rappresentando una delle sfumature più intriganti e, spesso, controverse della condizione umana. Il suo nome, derivato da Niccolò Machiavelli, ha assunto nel tempo una gamma di implicazioni che vanno ben oltre il suo significato originario, trovando risonanza in vari ambiti della società.

In termini comportamentali, il machiavellismo si manifesta come una propensione alla manipolazione strategica, alla focalizzazione sull'autointeresse e all'uso di tattiche ingannevoli per raggiungere obiettivi personali. Ma ciò che è fondamentale comprendere è che il machiavellismo non è meramente un insieme di comportamenti; rappresenta piuttosto un modello di pensiero e un set di convinzioni sul mondo e sulle persone.

Dal punto di vista sociale, l'essere machiavellico può avere sia vantaggi che svantaggi. Mentre tali individui possono navigare abilmente nelle complessità delle interazioni sociali e raggiungere posizioni di potere, possono anche creare ambiguità e sfiducia nelle relazioni personali e professionali. L'ambiente aziendale, in particolare, può essere sia un campo di gioco per le persone machiavelliche sia una trappola, dato che la collaborazione, la trasparenza e l'integrità sono valori fondamentali per molte organizzazioni.

C'è, tuttavia, un'importante considerazione da fare riguardo al machiavellismo in quanto tratto di personalità: non è inerentemente "cattivo" o "buono". Come tutti i tratti, esiste in un continuum e può manifestarsi in gradi variabili. Inoltre, come suggerisce la ricerca, esistono situazioni in cui un approccio machiavellico può effettivamente essere vantaggioso o addirittura necessario.

Tuttavia, è essenziale avere consapevolezza e comprensione di questo tratto, sia per riconoscerlo negli altri sia per autovalutarsi. La capacità di discernere quando e come il machiavellismo entra in gioco nelle interazioni umane può fornire una chiave preziosa per navigare con successo nel complesso tessuto delle relazioni sociali.

In sintesi, il machiavellismo, con le sue sfaccettature e le sue complessità, ci offre un prisma attraverso il quale possiamo esaminare e comprendere meglio la profondità e la complessità della natura umana. La sua esplorazione non solo arricchisce la nostra comprensione della psicologia, ma ci sfida anche a riflettere sulle motivazioni, sui valori e sui principi che guidano il nostro comportamento quotidiano.

## Conclusione Dettagliata sul Machiavellismo: Una Ricerca nella Complessità Umana

Il machiavellismo, con le sue radici storiche e le sue manifestazioni contemporanee, si presenta come un fenomeno intrigante nella vasta sfera dei comportamenti umani. La sua natura è multifaccettata, e capirlo pienamente richiede una disamina sotto molteplici prospettive:

storica, psicologica, sociologica e persino neurologica.

Storicamente, il termine "machiavellismo" deriva dalle opere di Niccolò Machiavelli, in particolare dal suo trattato "Il Principe". Tuttavia, la portata di ciò che definiamo "machiavellismo" oggi va ben oltre la pura filosofia politica di Machiavelli. È diventato sinonimo di manipolazione, astuzia e comportamento autointeressato, spesso a spese degli altri.

Psicologicamente, il machiavellismo è considerato uno dei "Grandi Tre" tratti oscuri della personalità, insieme al narcisismo e alla psicopatia. Ma a differenza di questi ultimi, il machiavellismo non è necessariamente patologico. Esso rappresenta piuttosto una strategia comportamentale, un modo di navigare nel mondo che privilegia la razionalità e l'obiettivo al di sopra dell'empatia e del collegamento umano.

Dal punto di vista sociologico, il machiavellismo ha un impatto tangibile sul tessuto della nostra società. Negli affari, nella politica e persino nelle relazioni interpersonali, un approccio machiavellico può portare a successo e potere, ma anche a sfiducia, alienazione e, in ultima analisi, a disintegrazione sociale. È una spada a doppio taglio, che può tagliare sia in favore che contro chi la brandisce.

Neurologicamente, sebbene la ricerca sia ancora in corso, emergono prove che suggeriscono che il cervello di coloro con forti tendenze machiavelliche possa funzionare in modo leggermente diverso, con aree associate alla teoria della mente e alla pianificazione strategica particolarmente attive.

Quindi, dove ci lascia tutto questo? La verità è che il machiavellismo, come molti aspetti della psiche umana, non è né intrinsecamente buono né cattivo. È uno strumento, una strategia, un modo di vedere e interagire con il mondo. La chiave sta nel riconoscimento e nella consapevolezza. Riconoscere quando e come il machiavellismo sta influenzando il comportamento, sia il nostro sia quello degli altri, è fondamentale per creare un equilibrio tra l'ottenere ciò che vogliamo e mantenere relazioni autentiche e significative con gli altri.

In ultima analisi, il machiavellismo ci offre uno specchio nel quale riflettere non solo sui nostri comportamenti e motivazioni ma anche sulla natura stessa della società in cui viviamo. Ci sfida a domandarci: quale tipo di mondo vogliamo creare e come vogliamo interagire con gli altri al suo interno? Con una profonda introspezione e una consapevole comprensione, possiamo utilizzare le lezioni del machiavellismo per costruire un futuro più consapevole e connesso.

15. Sindrome di Stoccolma • Investigare la sindrome di Stoccolma e come si sviluppa.

## Sindrome di Stoccolma: Una Visione D'Insieme e la Sua Genesi
**Definizione**

La Sindrome di Stoccolma è un fenomeno psicologico complesso in cui le vittime di sequestro o rapimento sviluppano un legame emotivo o un'empatia verso i loro rapitori. Questa risposta può sembrare controintuitiva e paradossale, ma è il risultato di un insieme di fattori psicologici e situazionali che convergono in circostanze estreme.

**Origine del Termine**

Il nome "Sindrome di Stoccolma" deriva da un caso di rapina in una banca a Stoccolma, Svezia, nel 1973. Durante questa crisi, i rapinatori presero in ostaggio alcuni impiegati della banca per diversi giorni. Al termine del sequestro, fu sorprendente scoprire che gli ostaggi avevano sviluppato sentimenti positivi nei confronti dei loro rapitori, arrivando persino a difenderli e a rifiutare l'assistenza da parte delle forze dell'ordine.

## Meccanismi Psicologici Sottostanti

1. **Sopravvivenza**: In situazioni di grave pericolo, la mente umana cerca strategie di sopravvivenza. Simpatizzare o legarsi emotivamente con il rapitore potrebbe essere una risposta inconscia per aumentare le possibilità di sopravvivenza, diminuendo la probabilità di danno da parte del rapitore.

2. **Rinforzo Intermitente**: Gli ostaggi potrebbero ricevere trattamenti alternati di gentilezza e crudeltà. Questa imprevedibilità, unita a rari atti di gentilezza, può creare un legame potente, simile al fenomeno del rinforzo intermitente osservato in studi comportamentali.

3. **Isolamento**: Gli ostaggi sono spesso isolati da familiari, amici e, in generale, da fonti esterne di supporto. In questo isolamento, possono iniziare a vedere il rapitore come l'unica figura significativa o di riferimento.

4. **Dissonanza Cognitiva**: Per ridurre la tensione psicologica tra la paura del rapitore e il trattamento ricevuto, l'ostaggio può cercare di giustificare o minimizzare il comportamento del rapitore, portando a sentimenti positivi verso di lui.

**Sviluppo della Sindrome**

La Sindrome di Stoccolma non si sviluppa in ogni situazione di rapimento o sequestro. Alcuni fattori possono influenzare la sua manifestazione:

- **Durata del sequestro**: Generalmente, quanto più lunga è la durata del rapimento, tanto maggiore è la probabilità che si sviluppi la Sindrome di Stoccolma.

- **Vicinanza con il rapitore**: Un contatto più stretto e personale può facilitare lo sviluppo di un legame.

- **Minacce alla vita**: Se l'ostaggio percepisce che la sua vita è in pericolo, potrebbe essere più incline a sviluppare legami emotivi come meccanismo di difesa.

**Conseguenze e Recupero**

Le vittime della Sindrome di Stoccolma possono avere difficoltà nel processo di recupero. Sentimenti di vergogna, confusione e colpa possono emergere, poiché potrebbero non comprendere pienamente perché abbiano sviluppato sentimenti positivi verso i loro aguzzini. La terapia e il sostegno psicologico sono essenziali per aiutare le vittime a elaborare e superare la loro esperienza traumatica.

## Conclusione

La Sindrome di Stoccolma rappresenta un esempio straordinario di come la mente umana possa reagire e adattarsi a situazioni estremamente stressanti. La sua esistenza sottolinea la complessità della psicologia umana e la capacità delle persone di formare legami in circostanze improbabili. Essa rimane un'area di studio essenziale nella psicologia, contribuendo a una comprensione più profonda della resilienza, dell'adattamento e delle risposte umane al trauma.

La Sindrome di Stoccolma, al di là della sua definizione standard, svela molteplici sfaccettature della mente umana e delle relazioni interpersonali in situazioni limite.

## Relazione con Altri Fenomeni Psicologici

La Sindrome di Stoccolma può avere intersezioni con altri fenomeni psicologici. Per esempio, il fenomeno noto come "identificazione con l'aggressore" è simile e spesso citato in relazione alla Sindrome di Stoccolma. Questo concetto si riferisce alla tendenza delle vittime di traumi a identificarsi con la persona o la forza che le minaccia, in un tentativo inconscio di recuperare un senso di potere o controllo sulla situazione.

## Reazione degli Esterni

La reazione della società e degli individui esterni alla situazione di sequestro può variare. Molti possono trovare difficile comprendere come una vittima possa sviluppare sentimenti positivi verso un rapitore. Questa incomprensione può portare a giudizi negativi o a stigmatizzazione delle vittime. In alcuni casi, gli individui possono incolpare la vittima per non essersi difesa o resistita abbastanza, non comprendendo la complessità psicologica dietro la Sindrome di Stoccolma.

## Implicazioni Neurologiche

Dal punto di vista neurologico, l'esposizione a situazioni di stress prolungato, come un rapimento, può avere effetti significativi sul cervello. Le aree del cervello coinvolte nella risposta allo stress, come l'ipotalamo e l'ippocampo, possono diventare iperattive. Ciò può portare a una serie di risposte fisiche e psicologiche, tra cui l'aumento della produzione di cortisolo, l'ormone dello stress. L'esposizione prolungata al cortisolo può avere effetti negativi sulla salute mentale e fisica, contribuendo a spiegare perché le vittime di sequestri possano sviluppare comportamenti apparentemente irrazionali o controproducenti come legarsi emotivamente ai loro rapitori.

**Impatto a Lungo Termine sulla Vittima**
Una volta liberate, le vittime della Sindrome di Stoccolma possono affrontare una serie di sfide psicologiche. Mentre il legame con il rapitore può diminuire o scomparire con il tempo, le cicatrici emotive possono persistere. La vittima può soffrire di disturbi post-traumatici da stress, depressione, ansia e problemi di fiducia. La terapia può essere essenziale per aiutare la vittima a elaborare l'esperienza e a trovare strumenti per andare avanti.

**Analisi Culturale e Storica**
Sebbene la Sindrome di Stoccolma sia stata definita e riconosciuta in tempi relativamente recenti, esistono riferimenti storici e culturali a fenomeni simili. Ad esempio, ci sono storie e leggende in diverse culture in cui le vittime formano legami con i loro catturatori o oppressori. Questi racconti possono riflettere una comprensione intuitiva del modo in cui le persone reagiscono a situazioni estreme.

**Implicazioni Legali**
Dal punto di vista legale, la presenza della Sindrome di Stoccolma può complicare i procedimenti giudiziari. Ad esempio, se una vittima difende o protegge il suo rapitore, ciò può influenzare le testimonianze o la disposizione a testimoniare contro l'aggressore. In alcuni casi, le vittime possono anche opporsi all'incriminazione

dei loro rapitori, ulteriormente complicando il processo legale.

Oltre a ciò, la capacità di riconoscere e comprendere la Sindrome di Stoccolma è cruciale per le forze dell'ordine, i negoziatori di ostaggi e gli operatori sanitari coinvolti in situazioni di sequestro. Con una migliore comprensione di questo fenomeno, questi professionisti possono adottare approcci più efficaci e compassionevoli per aiutare le vittime e risolvere le situazioni in modo sicuro.

## Variazioni e Similitudini

La Sindrome di Stoccolma non è l'unico fenomeno psicologico che emerge da situazioni di stress estremo o traumi. Altri concetti simili includono la Sindrome di Lima, in cui i sequestratori sviluppano simpatia per le loro vittime, spesso rilasciandole prematuramente o garantendo la loro sicurezza. Questa dinamica inversa suggerisce che, in situazioni di tensione estrema, i confini tra "vittima" e "aggressore" possono diventare sfumati e variabili.

## Casi Noti e Media

Nella cultura popolare, la Sindrome di Stoccolma è stata ritratta in film, serie TV e libri, spesso con varie interpretazioni e gradi di accuratezza. Un esempio famoso è il film "Belle de Jour", in cui una donna sviluppa sentimenti complicati verso il suo rapitore. Queste rappresentazioni mediatiche hanno contribuito a plasmare la percezione pubblica del fenomeno, anche se non sempre accuratamente.

**Fattori Ambientali e Culturali**

L'incidenza e la manifestazione della Sindrome di Stoccolma possono anche essere influenzate da fattori culturali e ambientali. Ad esempio, in società dove prevale una forte gerarchia o una distinzione netta tra ruoli di potere, le vittime potrebbero essere più predisposte a sviluppare legami con i loro rapitori. Allo stesso modo, le persone cresciute in ambienti dove la dipendenza e la sottomissione sono valori fortemente radicati potrebbero manifestare la sindrome in modi più intensi o specifici.

**Impatto Fisiologico**

Oltre agli effetti psicologici, situazioni prolungate di rapimento o detenzione possono avere notevoli ripercussioni fisiologiche sul corpo. L'elevato stress può portare a problemi come insonnia, disturbi alimentari, problemi cardiaci e un sistema immunitario indebolito. Questi problemi di salute possono complicare ulteriormente la situazione, rendendo la vittima ancora più dipendente dall'aggressore per la cura o l'assistenza, approfondendo il legame della Sindrome di Stoccolma.

## Comprensione Contemporanea

La ricerca e la comprensione della Sindrome di Stoccolma sono in continua evoluzione. Mentre la consapevolezza del fenomeno cresce, emergono nuove teorie e spiegazioni. Alcuni studiosi hanno suggerito che la sindrome potrebbe non essere tanto una "anomalia" quanto una manifestazione estrema di meccanismi di adattamento e legame che sono fondamentali per la specie umana. Altri hanno esplorato il ruolo della neurochimica, suggerendo che ormoni come l'ossitocina, spesso associati al legame e all'affetto, potrebbero giocare un ruolo nel creare un legame tra vittima e aggressore.

## Interazioni con Altri Disturbi

È stato anche ipotizzato che le persone con certi disturbi preesistenti potrebbero essere più predisposte a sviluppare la Sindrome di Stoccolma. Ad esempio, individui con disturbi di attaccamento insicuro, traumi passati o una storia di relazioni manipolative potrebbero essere più vulnerabili alla sindrome quando si trovano in situazioni di sequestro.

## Educazione e Prevenzione

Riconoscere e comprendere la Sindrome di Stoccolma è essenziale non solo per gli psicologi e i professionisti medici, ma anche per le forze dell'ordine, gli insegnanti, e il pubblico in generale. Seminari, workshop e programmi educativi possono aiutare a diffondere la consapevolezza e a fornire strumenti per riconoscere e intervenire in situazioni in cui la sindrome potrebbe svilupparsi.

## Interpretazioni Alternative

La comprensione della Sindrome di Stoccolma non è monolitica. Ci sono interpretazioni e teorie alternative che sfidano o ampliano la tradizionale visione della sindrome. Alcuni sostengono che il fenomeno potrebbe essere meno una "sindrome" e più una risposta razionale a una situazione di estrema minaccia. Se allearsi con un aggressore aumenta le probabilità di sopravvivenza, allora forse si tratta di un comportamento evolutivamente radicato piuttosto che patologico.

## Aspetti Relazionali e Dinamiche di Potere

Le relazioni umane sono complesse e variegate, e il contesto in cui si sviluppa la Sindrome di Stoccolma presenta una dinamica di potere estremamente sbilanciata. Comprendere queste dinamiche può aiutare a gettare luce su come e perché alcune vittime sviluppano empatia o affetto per i loro rapitori. Allo stesso modo, può aiutare a comprendere perché, in alcuni casi, i sequestratori potrebbero ammorbidire la loro posizione o comportarsi in modo più compassionevole verso le loro vittime.

**Confronto con Altre Culture e Tradizioni**
È interessante notare come la Sindrome di Stoccolma sia percepita o interpretata in diverse culture o società. Mentre in molti contesti occidentali il fenomeno è studiato principalmente sotto una lente clinica, altre culture potrebbero avere tradizioni narrative o folkloristiche che riflettono concetti simili. Comprendere queste diverse prospettive può arricchire la nostra comprensione della sindrome.

**Ruolo della Media e della Fiction**
Come accennato in precedenza, la Sindrome di Stoccolma ha trovato spazio in molte rappresentazioni mediatiche e narrative. Vale la pena approfondire ulteriormente come queste rappresentazioni influenzano la percezione pubblica del fenomeno. Inoltre, ci sono anche domande legittime su come la riproduzione mediatica di tali eventi possa influenzare le vittime reali di sequestri in termini di aspettative e reazioni.

**Reazione delle Famiglie e delle Comunità**
Oltre alla reazione della vittima stessa, è essenziale considerare come famiglie, amici e comunità rispondano quando una persona cara è coinvolta in una situazione di sequestro e

manifesta segni della Sindrome di Stoccolma. La confusione, la rabbia e l'incomprensione possono essere comuni, e i processi di guarigione e reintegrazione possono richiedere un sostegno significativo.

## Implicazioni Etiche nella Ricerca e nella Pratica

Studiare la Sindrome di Stoccolma presenta sfide etiche. Le vittime di sequestro sono, per definizione, in una posizione vulnerabile. Quando si cerca di studiare o intervistare queste persone, è essenziale farlo con la massima sensibilità, rispetto e cura per il loro benessere. Allo stesso modo, le interpretazioni o le diagnosi devono essere fatte con cautela, evitando di patologizzare ulteriormente o stigmatizzare le vittime.

## Nuove Frontiere nella Ricerca

Con l'avanzare della tecnologia e delle neuroscienze, ci sono opportunità sempre crescenti per esplorare la Sindrome di Stoccolma a livelli ancora più profondi. Ad esempio, gli studi di imaging cerebrale potrebbero potenzialmente rivelare come il cervello di una vittima risponde in tempo reale a situazioni di sequestro o alle interazioni con un rapitore. Questi approcci, se condotti eticamente, potrebbero offrire una visione senza precedenti dei meccanismi interni di questo fenomeno enigmatico.

## Origini del Termine e Casi Storici

Mentre il termine "Sindrome di Stoccolma" è stato coniato in seguito a un rapimento specifico in Svezia nel 1973, vi sono stati numerosi casi storici, prima di questa data, che avrebbero potuto essere descritti attraverso la lente di questa sindrome. Questi episodi, disseminati nel corso dei secoli e delle culture, forniscono ulteriori contesti e sfumature alla comprensione del fenomeno.

## Terapie Post-Sequestro

Una delle questioni cruciali che emergono dopo la risoluzione di un sequestro, in particolare se la vittima ha manifestato sintomi della Sindrome di Stoccolma, è la questione della terapia e del recupero. La terapia cognitivo-comportamentale, la terapia centrata sulla persona e altre forme di intervento psicologico possono giocare un ruolo fondamentale nel permettere alle vittime di elaborare l'evento traumatico, comprendere le loro reazioni e sviluppare strategie per affrontare eventuali traumi residui.

## Impatto sulla Formazione Professionale

La formazione in materia di Sindrome di Stoccolma è cruciale non solo per i professionisti medici ma anche per le forze dell'ordine, gli operatori di emergenza e i negoziatori di ostaggi. Comprendere le dinamiche in gioco può aiutare questi professionisti a interagire efficacemente con le vittime e, potenzialmente, a risolvere le situazioni in modo più sicuro e con maggiore sensibilità.

## Connessioni con la Resilienza Psicologica

Alcune vittime di sequestri possono eventualmente dimostrare una notevole resilienza psicologica, recuperando e persino prosperando dopo esperienze traumatiche. La connessione tra la Sindrome di Stoccolma e la resilienza non è ancora completamente compresa, ma offre una prospettiva speranzosa sul potenziale di recupero e rigenerazione dopo traumi estremi.

## Fattori Socioeconomici e la Sindrome di Stoccolma

È anche possibile che esistano correlazioni tra la prevalenza o l'intensità della Sindrome di Stoccolma e certi fattori socioeconomici. Ad esempio, le vittime provenienti da contesti svantaggiati potrebbero avere una maggiore predisposizione a legarsi ai loro rapitori, dato un precedente modello di dipendenza o sottomissione in altri ambiti della loro vita.

## Analisi di Genere

Un'analisi basata sul genere della Sindrome di Stoccolma potrebbe rivelare differenze o somiglianze nel modo in cui uomini e donne esperiscono e manifestano la sindrome. La cultura, la socializzazione di genere e le aspettative societarie potrebbero influenzare le dinamiche di potere e le risposte alle situazioni di sequestro.

## Influenza della Tecnologia Moderna

Nell'era digitale, la natura e il contesto dei rapimenti e degli ostaggi possono cambiare. Con l'ascesa di piattaforme di comunicazione online, ci sono state situazioni in cui gli individui sono stati "rapiti" virtualmente, manipolati o controllati a distanza attraverso mezzi elettronici. Comprendere come la Sindrome di Stoccolma possa manifestarsi in questi nuovi contesti potrebbe essere una frontiera cruciale nella ricerca futura.

## Lezioni da Altri Paesi e Culture

Osservare come la Sindrome di Stoccolma è compresa, interpretata e trattata in vari paesi e culture può fornire preziose intuizioni comparative. Ad esempio, in alcuni paesi con frequenti conflitti armati o situazioni di sequestro, potrebbe esserci una maggiore consapevolezza o comprensione della sindrome a livello comunitario.

**Dinamiche di Gruppo**

Mentre molti casi della Sindrome di Stoccolma coinvolgono singoli individui, ci sono situazioni in cui gruppi di persone vengono presi in ostaggio. In questi casi, le dinamiche di gruppo possono influenzare l'esperienza e la manifestazione della sindrome, con membri del gruppo che si influenzano a vicenda nel loro rapporto

**Conclusione sulla Sindrome di Stoccolma**

La Sindrome di Stoccolma rappresenta una delle manifestazioni più peculiari e complesse della psicologia umana in risposta a situazioni traumatiche. Emerge in circostanze di rapimento o sequestro quando la vittima sviluppa un legame, che può variare da un'empatia semplice fino a un vero e proprio affetto, verso il suo rapitore. Questo fenomeno, pur essendo apparentemente controintuitivo, può essere inteso come un meccanismo di sopravvivenza: allearsi con chi detiene il potere potrebbe aumentare le possibilità di sopravvivere. L'origine del termine risale al 1973, a un evento di rapina in Svezia, ma il concetto, nella sua essenza, è molto più antico, con molte narrazioni storiche che potrebbero rientrare in questa definizione. La sua manifestazione non è universale: non tutte le vittime di sequestro sviluppano questa sindrome, suggerendo che vi sono variabili individuali, ambientali e culturali che influenzano la sua insorgenza.

Negli ultimi decenni, la ricerca ha cercato di penetrare i misteri di questa sindrome attraverso molteplici lenti: neurologiche, psicologiche, sociologiche e culturali. Si è scoperto che, oltre alla manifesta dipendenza emotiva, possono sorgere complicazioni come traumi post-stress, alterazioni nella percezione della realtà e problemi di salute mentale a lungo termine.

La rappresentazione della Sindrome di Stoccolma nei media, spesso romanzata, ha influenzato la percezione pubblica del fenomeno, sottolineando la necessità di educare il grande pubblico, i professionisti della salute mentale e le forze dell'ordine su ciò che realmente rappresenta e su come gestirla.

Dal punto di vista terapeutico, è essenziale che le vittime ricevano un supporto adeguato e tempestivo. L'approccio deve essere multifaccettato, prendendo in considerazione sia l'aspetto psicologico che quello fisiologico del trauma. La terapia può aiutare a decostruire e comprendere i legami sviluppati, fornendo strumenti e strategie per la guarigione e l'autonomia.

In conclusione, la Sindrome di Stoccolma ci svela la complessità della psiche umana, dimostrando come, anche nelle circostanze più avverse, l'essere umano cerchi connessioni, anche se queste sembrano irrazionali o dannose. Questo fenomeno sottolinea l'importanza di comprendere a fondo le risposte umane ai traumi, non solo per aiutare le vittime, ma anche per ampliare la nostra comprensione della natura umana e delle sue capacità di adattamento e resistenza.

16. Sindrome di Lima • Studiare la sindrome di Lima e le sue manifestazioni.

## Sindrome di Lima

La Sindrome di Lima rappresenta l'opposto della più conosciuta Sindrome di Stoccolma. Mentre nella Sindrome di Stoccolma è la vittima che sviluppa sentimenti positivi o di legame verso il suo rapitore, nella Sindrome di Lima sono i rapitori che manifestano sentimenti di simpatia e affetto verso le loro vittime. Questa particolare risposta psicologica può portare i rapitori a trattare le loro vittime con maggiore gentilezza o addirittura a rilasciarle senza richiedere un riscatto.

**Origini del Termine**

Il nome "Sindrome di Lima" deriva da un incidente avvenuto nel 1996 a Lima, in Perù. Durante una festa in onore dell'Imperatore del Giappone, membri di un gruppo ribelle armato, il Movimento Rivoluzionario Túpac Amaru (MRTA), presero in ostaggio centinaia di persone all'interno della residenza dell'ambasciatore giapponese. Inizialmente, i ribelli avevano l'intenzione di usare gli ostaggi come moneta di scambio per ottenere la liberazione dei loro compagni imprigionati. Tuttavia, nei giorni successivi, i rapitori iniziarono a rilasciare gran parte degli ostaggi, trattenendo solo alcune figure chiave. Questo cambio di atteggiamento è stato attribuito al legame sviluppato tra rapitori e ostaggi.

**Caratteristiche della Sindrome**

Le cause esatte della Sindrome di Lima sono ancora oggetto di studio e discussione. Tuttavia, alcune teorie suggeriscono che i rapitori, spesso esposti a una visione ideologizzata e deumanizzante delle loro vittime, possono iniziare a vederle come esseri umani veri e propri quando trascorrono del tempo con loro. Questa riconnessione con la comune umanità può portare a sentimenti di empatia e, in ultima analisi, a un cambio di comportamento.

**Differenze con la Sindrome di Stoccolma**

Mentre la Sindrome di Stoccolma è stata ampiamente riconosciuta e discussa in letteratura, la Sindrome di Lima è meno conosciuta e compresa. Una differenza chiave è che, mentre la Sindrome di Stoccolma può svilupparsi come meccanismo di difesa da parte delle vittime, cercando di rendere la situazione più sopportabile attraverso il legame con il rapitore, la Sindrome di Lima emerge da un cambiamento nella percezione dei rapitori stessi.

**Implicazioni nella Risoluzione di Ostaggi**

La comprensione della Sindrome di Lima può avere implicazioni pratiche nelle situazioni di ostaggi. Se i negoziatori sono consapevoli della possibilità che i rapitori possano sviluppare empatia per le loro vittime, potrebbero utilizzare questo a loro vantaggio, enfatizzando l'umanità degli ostaggi e cercando di evocare una risposta empatica nei rapitori.

**Considerazioni Finali**

La Sindrome di Lima sottolinea la complessità delle relazioni umane e la capacità intrinseca di empatia, anche in situazioni estremamente tese e avverse. Ci ricorda che, indipendentemente dalle circostanze, la capacità di connettersi con gli altri su un piano profondamente umano rimane. La sindrome offre una preziosa lente attraverso cui esaminare le dinamiche del potere, la manipolazione e la natura umana stessa.

## Fattori Culturali e Socioeconomici

La manifestazione della Sindrome di Lima potrebbe essere influenzata da fattori culturali e socioeconomici. Ad esempio, in società dove l'empatia e la comunità sono valori fortemente radicati, i rapitori potrebbero essere maggiormente inclini a sviluppare legami affettivi con le loro vittime. D'altro canto, se i rapitori provengono da ambienti di estrema povertà o emarginazione, potrebbero identificarsi con le sofferenze delle loro vittime, specialmente se queste mostrano comprensione o condivisione di determinate esperienze di vita.

## Dinamiche di Gruppo tra i Rapitori

In molte situazioni di rapimento, sono coinvolti più rapitori. Queste dinamiche di gruppo possono influenzare il modo in cui si manifesta la Sindrome di Lima. Se un membro del gruppo inizia a mostrare empatia verso un ostaggio, ciò potrebbe influenzare gli altri membri. Alternativamente, se l'empatia viene vista come un segno di debolezza all'interno del gruppo, potrebbe essere repressa o potrebbero sorgere conflitti interni.

**L'Effetto della Durata del Sequestro**

La durata del sequestro può avere un ruolo determinante nella manifestazione della Sindrome di Lima. Sequestri prolungati offrono maggiori opportunità per l'interazione e la formazione di legami tra rapitori e ostaggi. Con il passare del tempo, le guardie possono abbassarsi e le vere personalità emergere, facilitando una connessione più profonda.

**La Natura dell'Ostaggio**

Le caratteristiche dell'ostaggio, come età, sesso, background culturale, e anche la sua capacità di comunicare e connettersi emotivamente, possono influenzare la probabilità che un rapitore sviluppi empatia. Ad esempio, i bambini, essendo visti come innocenti, potrebbero suscitare un senso protettivo nei loro rapitori.

**Impatto Psicologico sui Rapitori**

Anche se la Sindrome di Lima si concentra principalmente sugli effetti positivi manifestati dai rapitori verso le loro vittime, ci sono anche implicazioni psicologiche per i rapitori stessi. La realizzazione che una vittima è un essere umano con sentimenti, desideri e sogni può causare una crisi di coscienza. Questo può portare a sentimenti di colpa, vergogna e persino depressione.

**Implicazioni Giuridiche**
Se un rapitore manifesta la Sindrome di Lima e
ciò porta al rilascio pacifico di un ostaggio,
questo potrebbe influenzare la percezione del
rapitore da parte delle autorità giuridiche.
Tuttavia, è importante notare che, nonostante le
manifestazioni di empatia, il rapitore ha ancora
commesso un reato e deve essere trattato di
conseguenza.

**Confronto con Altre "Sindromi"**
La Sindrome di Lima può essere paragonata ad
altre risposte psicologiche anomale in situazioni
di stress o trauma. Ad esempio, ci sono
somiglianze tra questa sindrome e il
comportamento di alcuni soldati in guerra, che
potrebbero sviluppare un senso di rispetto o
addirittura affetto per il "nemico", riconoscendo
l'umanità comune piuttosto che l'ideologia o la
nazionalità che li divide.

**Ruolo delle Emozioni**
Le emozioni giocano un ruolo cruciale nella
Sindrome di Lima. La paura, l'ansia, la speranza
e persino l'amore possono coesistere in questi
scenari complessi. La comprensione delle
emozioni e della loro influenza sul
comportamento può offrire ulteriori spunti sulla
natura di questa sindrome e sulle sue
manifestazioni.

## Profili Psicologici dei Rapitori

Mentre molti potrebbero immaginare i rapitori come individui freddi e senza cuore, la realtà può essere molto più complessa. Alcuni potrebbero avere storie di abusi o traumi che li hanno portati a vedere il mondo attraverso una lente distorta. Queste esperienze passate potrebbero renderli più sensibili alle emozioni delle loro vittime, specialmente se percepiscono similitudini nelle loro storie di vita.

## Influenza della Religione e della Spiritualità

In alcune situazioni, le credenze religiose o spirituali potrebbero influenzare la manifestazione della Sindrome di Lima. Un rapitore potrebbe avere una profonda crisi di fede vedendo soffrire una vittima innocente, portandolo a cercare la redenzione attraverso azioni compassionate. Allo stesso modo, un ostaggio potrebbe usare la religione come mezzo per connettersi con il rapitore, citando insegnamenti di compassione, perdono e umanità.

## Dinamiche Familiari dei Rapitori

In alcuni casi, le dinamiche familiari dei rapitori potrebbero influenzare la loro capacità di empatizzare con le vittime. Un rapitore che ha avuto un'infanzia difficile o ha vissuto relazioni familiari tumultuose potrebbe vedere in un ostaggio un riflesso di se stesso o di un membro della famiglia, inducendo sentimenti di protezione o cura.

## Effetto dei Media e dell'Esposizione Pubblica

La copertura mediatica di un evento di rapimento può avere un impatto sulla percezione che i rapitori hanno delle loro vittime. La continua esposizione mediatica può humanizzare ulteriormente gli ostaggi agli occhi del mondo esterno, e questo potrebbe riflettersi anche nei sentimenti dei rapitori. Inoltre, vedere famiglie e amici delle vittime implorare per la loro liberazione potrebbe toccare le corde emotive dei rapitori.

## Influenza della Situazione Ambientale

Le condizioni in cui si trovano rapitori e ostaggi possono influenzare la manifestazione della Sindrome di Lima. In situazioni estreme, come in luoghi isolati o con risorse limitate, l'interdipendenza tra rapitori e vittime può intensificarsi, portando a un legame più stretto. L'adversità condivisa può funzionare come un potente catalizzatore di empatia e comprensione reciproca.

## Variazioni Geografiche e Culturali

Anche se la Sindrome di Lima prende il nome da un evento specifico in Perù, fenomeni simili potrebbero manifestarsi in diverse parti del mondo. Tuttavia, la frequenza, l'intensità e le manifestazioni specifiche potrebbero variare a seconda delle norme culturali, delle aspettative sociali e delle storie politiche delle diverse regioni.

**Effetti a Lungo Termine sui Rapitori**

Dopo la conclusione di un evento di rapimento, i rapitori che hanno manifestato la Sindrome di Lima potrebbero affrontare conflitti interni intensi. Il rimorso, la confusione e la lotta tra la loro ideologia originale e i nuovi sentimenti sviluppati potrebbero avere ripercussioni durature sulla loro psiche. In alcuni casi, questo può portare a cambiamenti radicali nella loro visione del mondo e nel loro comportamento futuro.

**Terapia e Riabilitazione per i Rapitori**

La manifestazione della Sindrome di Lima in un rapitore può indicare una capacità intrinseca di empatia e di connessione umana, nonostante le circostanze estreme. Questa realizzazione potrebbe fornire una base per interventi terapeutici mirati a rapitori che manifestano tali sentimenti. La terapia potrebbe aiutarli a comprendere le radici dei loro comportamenti criminali, a riconoscere l'umanità nelle altre persone e, infine, a cercare modi alternativi per esprimere e soddisfare le loro esigenze o ideologie senza ricorrere alla violenza.

## Interazioni con Altri Criminali

Nel contesto carcerario, i rapitori che hanno manifestato la Sindrome di Lima potrebbero essere visti in modo diverso da altri detenuti. La loro capacità di empatizzare con le vittime potrebbe essere interpretata come debolezza o, al contrario, come un segno di maturità emotiva. Queste percezioni potrebbero influenzare le loro interazioni con altri detenuti e il loro percorso di riabilitazione.

## Influenza delle Droghe e dell'Alcool

L'uso di sostanze come droghe o alcool potrebbe avere un impatto sulla manifestazione della Sindrome di Lima. In alcuni casi, l'uso di sostanze potrebbe amplificare i sentimenti di empatia o rimorso. In altri, potrebbe sopprimere questi sentimenti o alterare la percezione del rapitore sulla realtà della situazione, rendendo meno probabile la formazione di un legame con l'ostaggio.

## L'Influenza della Formazione e dell'Educazione

La formazione e l'educazione di un rapitore possono giocare un ruolo significativo nella sua capacità di sviluppare empatia verso le vittime. Un rapitore con una solida base educativa e una maggiore esposizione a diverse idee e culture potrebbe essere più incline a vedere le vittime come individui multidimensionali piuttosto che come semplici pedine in una strategia più ampia.

## Influenza della Letteratura e dell'Arte

La letteratura, il cinema e altre forme d'arte hanno spesso esplorato la complessità delle relazioni umane in situazioni estreme. La familiarità con queste narrazioni potrebbe influenzare la percezione di un rapitore sulle dinamiche tra lui e la sua vittima. La letteratura e l'arte potrebbero anche fornire una piattaforma per i rapitori per esplorare e comprendere meglio i loro sentimenti.

## L'Importanza della Comunicazione

La comunicazione gioca un ruolo cruciale nella formazione di legami umani. La capacità di un ostaggio di comunicare efficacemente con il rapitore, di condividere storie personali, speranze, paure e sogni, può influenzare profondamente la percezione del rapitore. Questa comunicazione autentica può essere la chiave per penetrare le difese del rapitore e innescare sentimenti di empatia e comprensione.

## Considerazioni Etiche

La Sindrome di Lima solleva una serie di questioni etiche. Sebbene possa essere vista come un segno positivo che i rapitori possono riconoscere e rispettare l'umanità delle loro vittime, non giustifica né minimizza il crimine di rapimento. La sfida principale è come equilibrare la comprensione di tali dinamiche psicologiche con la necessità di rendere giustizia e proteggere la società da ulteriori danni.

## Rapporti con le Autorità

Il modo in cui i rapitori interagiscono con le autorità, come la polizia o i negoziatori, può essere influenzato dalla Sindrome di Lima. Se un rapitore ha sviluppato un legame empatico con un ostaggio, potrebbe essere più incline a cooperare o cercare soluzioni pacifiche durante le negoziazioni. Questo potrebbe fornire alle autorità un vantaggio strategico nel garantire la sicurezza delle vittime.

## Ruolo della Genetica

Sebbene la genetica non possa spiegare direttamente la Sindrome di Lima, potrebbe esistere una predisposizione genetica all'empatia e alla compassione. Gli individui con certi profili genetici potrebbero essere più inclini a formare legami empatici, anche in situazioni estreme come un rapimento.

## Implicazioni per la Ricerca Futura

La Sindrome di Lima offre un terreno fertile per ulteriori ricerche nel campo della psicologia. Capire le condizioni e i fattori che favoriscono la manifestazione di questa sindrome potrebbe fornire spunti su come promuovere l'empatia e la

comprensione in altre sfere della società.
Potrebbe anche aiutare a sviluppare strategie più
efficaci per gestire situazioni di ostaggi.

## Studi di Caso e Testimonianze

Oltre all'incidente di Lima del 1996, ci sono stati
altri casi documentati in cui i rapitori hanno
mostrato una sorprendente gentilezza o
compassione verso le loro vittime. Questi studi di
caso possono offrire una visione approfondita
delle dinamiche psicologiche in gioco. Le
testimonianze dirette di rapitori e vittime
possono fornire spunti preziosi su come si
sviluppa e si manifesta questa sindrome.

## Comparazione con Altre Forme di Criminalità

Sarebbe interessante esplorare se forme di
empatia simili si manifestano anche in altri tipi
di reati, come rapine o furti. La pressione e
l'adrenalina di tali situazioni potrebbero avere
effetti simili sulla psiche, portando i criminali a
vedere le loro vittime sotto una luce diversa e
potenzialmente modificando il loro
comportamento.

## Effetti sulla Vittima

Sebbene la Sindrome di Lima si concentri
principalmente sulle reazioni dei rapitori, è
essenziale considerare anche gli effetti su coloro
che sono tenuti in ostaggio. Anche se il rapitore
mostra empatia o gentilezza, la vittima potrebbe

ancora sperimentare traumi, stress e una serie di altre risposte emotive complesse.

## L'influenza delle Ideologie

Le credenze e le ideologie dei rapitori possono avere un impatto significativo sulla loro propensione a sviluppare la Sindrome di Lima. Ad esempio, se un rapitore è motivato da ideali politici o sociali, potrebbe essere più incline a vedere l'ostaggio come un simbolo piuttosto che come un individuo. Tuttavia, l'interazione prolungata potrebbe sfocare queste linee ideologiche e permettere una connessione più genuina basata sull'umanità condivisa.

## Sfide nella Valutazione

Determinare se un rapitore sta effettivamente sperimentando la Sindrome di Lima può presentare sfide. I rapitori potrebbero fingere empatia come tattica o potrebbero non riconoscere o ammettere i loro veri sentimenti. Questa ambiguità può rendere difficile per le autorità e i professionisti della salute mentale valutare e rispondere in modo appropriato alla situazione.

**Aspetti Neurologici della Sindrome di Lima**

Dal punto di vista neurologico, la manifestazione della Sindrome di Lima potrebbe essere legata alla stimolazione e all'attività di determinate aree del cervello associate all'empatia e alla connessione sociale. Studiando l'attività cerebrale dei rapitori che mostrano tratti empatici, potremmo ottenere ulteriori intuizioni sulla natura biologica dell'empatia e su come le circostanze esterne possano modulare la nostra reattività neurologica.

**Ruolo dell'Ossitocina**

L'ossitocina, spesso denominata "ormone dell'amore", gioca un ruolo chiave nel rafforzare i legami sociali e nella promozione dell'empatia. Potrebbe essere interessante investigare se i livelli di ossitocina sono elevati in rapitori che manifestano la Sindrome di Lima, suggerendo un meccanismo biochimico alla base del fenomeno.

**Il Dilemma della Vulnerabilità**

Quando i rapitori permettono alla propria guardia di abbassarsi e mostrano empatia, si espongono a potenziali rischi. Questa vulnerabilità potrebbe essere sfruttata dagli ostaggi o dalle autorità per capovolgere la situazione. Tuttavia, è questa stessa vulnerabilità che può portare a una risoluzione pacifica del rapimento.

**Educazione Sociale e Culturale**
L'ambiente sociale e culturale da cui proviene un rapitore potrebbe avere un impatto significativo sulla sua capacità di empatizzare con gli ostaggi. Le società che enfatizzano l'importanza della comunità, della famiglia e della connessione umana potrebbero essere più inclini a produrre individui capaci di trasformare un atto di violenza in un'esperienza empatica.

**La Dimensione Temporale**
La durata del rapimento può influenzare la probabilità di manifestazione della Sindrome di Lima. Con il passare del tempo, la continua interazione tra rapitore e ostaggio potrebbe facilitare la formazione di legami empatici. Le prime ore o giorni potrebbero essere cruciali nel definire la direzione della relazione.

**Il Ruolo della Mediazione**
La presenza di un mediatore o negoziatore può influenzare l'evoluzione della Sindrome di Lima. Un mediatore esperto può sfruttare le tracce di empatia mostrate dai rapitori, enfatizzando l'umanità condivisa e cercando di costruire un terreno comune per una risoluzione pacifica.

**Considerazioni sulla Reintegrazione Post-Rapimento**
Per i rapitori che hanno mostrato empatia verso le loro vittime, la reintegrazione nella società potrebbe presentare sfide uniche. Potrebbero

affrontare conflitti interni tra il loro atto criminale e il loro riconoscimento dell'umanità dell'ostaggio. Questo può richiedere programmi di riabilitazione specializzati che tengano conto delle loro esperienze e sentimenti unici.

**Differenze di Genere nella Sindrome di Lima**

La ricerca potrebbe esplorare se esistono differenze di genere nella manifestazione della Sindrome di Lima. Ad esempio, le donne rapitrici potrebbero mostrare livelli diversi di empatia rispetto ai loro omologhi maschi, o potrebbero avere motivazioni diverse che influenzano la loro connessione con gli ostaggi.

**Comparazione con la Sindrome di Stoccolma**

Mentre la Sindrome di Lima si concentra sui sentimenti dei rapitori, la Sindrome di Stoccolma riguarda gli ostaggi che sviluppano un legame con i loro rapitori. Confrontando e contrastando questi due fenomeni, potremmo ottenere una comprensione più profonda delle complesse dinamiche psicologiche presenti in situazioni di ostaggi.

**Influenza della Tecnologia e dei Social Media**

In un'era sempre più digitale, la tecnologia e i social media possono influenzare la percezione e la manifestazione della Sindrome di Lima. La

rapida diffusione delle informazioni e l'accesso
immediato alle reazioni del pubblico possono
influenzare sia i rapitori che le vittime, alterando
la dinamica tra di loro

La Sindrome di Lima rappresenta un fenomeno
psicologico complesso e affascinante che
dimostra come, anche nelle circostanze più
estreme e apparentemente inumane, possano
emergere aspetti profondamente umani e
empatici. La sua esistenza mette in discussione le
tradizionali narrazioni sulle dinamiche del potere
tra rapitori e ostaggi, suggerendo che non sempre
ci sia una demarcazione netta tra "buoni" e
"cattivi", ma piuttosto una gamma di risposte
umane modulate da una serie di fattori esterni e
interni.
Dal punto di vista neurologico, si potrebbe
ipotizzare che ci siano aree specifiche del cervello
che si attivano in risposta alla vicinanza e
all'interazione umana, portando alla
manifestazione di empatia. L'ossitocina, ad
esempio, potrebbe svolgere un ruolo significativo
nel facilitare questi legami empatici, anche se
ulteriori ricerche sono necessarie per confermare
queste teorie.
Il contesto culturale, educativo e sociale in cui un
rapitore è cresciuto può fornire intuizioni
significative sul perché potrebbe sviluppare

legami empatici con gli ostaggi. Le società che enfatizzano l'importanza della connessione umana e della comunità potrebbero, ad esempio, favorire un terreno più fertile per la manifestazione della Sindrome di Lima.

La dimensione temporale è altresì essenziale: più un ostaggio e un rapitore trascorrono del tempo insieme, più è probabile che emergano connessioni umane, specialmente se vi è una comunicazione genuina e autentica tra di loro. La presenza di mediatori esperti può amplificare questa tendenza, utilizzando l'empatia come strumento per garantire una risoluzione pacifica della situazione.

Tuttavia, nonostante la possibilità di sviluppare tali legami empatici, la Sindrome di Lima non deve essere interpretata come una giustificazione o minimizzazione del crimine di rapimento. È fondamentale equilibrare la comprensione di queste dinamiche psicologiche con la necessità di rendere giustizia e proteggere la società. I rapitori che mostrano segni della Sindrome di Lima potrebbero avere bisogno di percorsi di riabilitazione specializzati, che considerino le loro specifiche esperienze e conflitti interni.

In conclusione, la Sindrome di Lima ci offre una finestra su una dimensione profondamente complessa e contraddittoria della natura umana. Evidenzia che, anche nelle circostanze più oscure

e inimmaginabili, la capacità umana di
connettersi, di comprendere e di empatizzare può
emergere in modi sorprendenti e inattesi,
sfidando le nostre comprensioni convenzionali
del bene e del male.

17. Abuso di Sostanze • Esplorare la relazione tra
abuso di sostanze e comportamento dannoso.

## Fondamenti Biologici dell'Abuso di Sostanze

Le sostanze d'abuso, come alcol, droghe illegali e
persino alcune farmaci prescritti, possono
alterare il normale funzionamento neurologico e
biochimico del cervello. Queste sostanze possono
influenzare i neurotrasmettitori, che sono
sostanze chimiche che trasmettono segnali tra i
neuroni. Alcune sostanze, come gli oppioidi,
mimano i neurotrasmettitori naturali del corpo,
mentre altre, come l'alcol, possono alterare i
livelli di neurotrasmettitori nel cervello.

## Effetti Comportamentali

L'abuso di sostanze può portare a una serie di
cambiamenti comportamentali, tra cui
impulsività, aggressività, paranoia, e mancanza
di inibizione. Queste alterazioni possono
aumentare la probabilità di comportamenti
dannosi, sia verso se stessi che verso gli altri. Ad
esempio, l'intossicazione da alcol è spesso

correlata a episodi di violenza domestica e altri comportamenti criminali.

## Causa o Consequenza?

Mentre l'abuso di sostanze può certamente portare a comportamenti dannosi, è importante riconoscere che molte persone iniziano a consumare droghe o alcol come mezzo per far fronte a traumi preesistenti, stress o problemi di salute mentale. In questi casi, l'abuso di sostanze potrebbe essere visto più come una conseguenza che come una causa di comportamento dannoso.

## Vulnerabilità Individuale

Non tutti coloro che consumano droghe o alcol sviluppano comportamenti dannosi. La genetica, la storia di vita, la presenza di comorbidità psichiatriche e altri fattori individuali possono influenzare la vulnerabilità di una persona ai comportamenti dannosi associati all'abuso di sostanze.

## Effetti a Lungo Termine

L'uso cronico di sostanze può portare a cambiamenti neurologici permanenti che possono persistere anche dopo aver smesso di consumare. Questi cambiamenti possono aumentare la vulnerabilità ai comportamenti dannosi, ai disturbi dell'umore e ad altre complicazioni di salute mentale.

## Implicazioni per il Trattamento

La comprensione della relazione tra l'abuso di sostanze e il comportamento dannoso può avere profonde implicazioni per il trattamento. I programmi di riabilitazione che si concentrano solo sulla dipendenza potrebbero non affrontare adeguatamente le radici comportamentali e psicologiche dell'abuso. Una terapia integrata che affronta sia l'abuso di sostanze che i problemi di comportamento potrebbe offrire soluzioni più efficaci.

## Considerazioni Socioculturali

L'accesso alle droghe, le norme culturali riguardanti l'uso di sostanze e la percezione sociale dell'abuso di droghe e alcol possono influenzare la prevalenza e la natura del comportamento dannoso associato. Ad esempio, in società dove l'abuso di alcol è normalizzato o addirittura celebrato, potrebbero esserci tassi più elevati di comportamenti dannosi correlati all'alcol.

## Effetti delle Politiche Pubbliche

Le leggi e le politiche che regolamentano l'uso di sostanze possono avere un impatto significativo sulla relazione tra abuso di sostanze e comportamento dannoso. Ad esempio, le politiche di riduzione del danno, come i programmi di scambio di siringhe o i siti di consumo supervisionato, possono ridurre i comportamenti dannosi associati all'abuso di droghe.

## Ruolo dell'Educazione

L'educazione e la sensibilizzazione possono giocare un ruolo chiave nel prevenire l'abuso di sostanze e i comportamenti dannosi correlati. Le campagne educative che forniscono informazioni accurate sull'uso di sostanze e sui suoi rischi potrebbero essere particolarmente efficaci.

## Impatto sui Familiari

L'abuso di sostanze non influisce solo sul consumatore, ma ha anche un impatto profondo sui familiari e sui cari. Il comportamento dannoso può manifestarsi come abuso emotivo o fisico, trascuratezza o manip

## Co-Dipendenza e Dinamiche Relazionali

Molto spesso, le persone vicine a chi abusa di sostanze possono sviluppare comportamenti di co-dipendenza. Questo significa che possono inconsciamente contribuire o facilitare l'abuso del loro caro, spesso come mezzo per mantenere una sensazione di normalità o evitare conflitti. Questi comportamenti possono derivare dal desiderio di proteggere l'individuo, ma paradossalmente possono perpetuare il ciclo dell'abuso.

## Neuroplasticità e Potenziale di Recupero

Nonostante gli effetti devastanti dell'abuso di sostanze sul cervello, esiste un fenomeno chiamato neuroplasticità, che è la capacità del cervello di adattarsi e cambiare. Questo suggerisce che con interventi appropriati, come la terapia e la riabilitazione, il cervello ha la potenzialità di 'guarire' e formare nuove connessioni, attenuando così alcuni dei comportamenti dannosi associati all'abuso di sostanze.

## Confronto tra Sostanze

Diverse sostanze hanno profili di rischio diversi. Ad esempio, stimolanti come la cocaina o le anfetamine possono essere più propensi a causare comportamenti aggressivi o paranoici rispetto ai depressori come l'alcol o gli oppioidi. Tuttavia, ogni sostanza porta con sé un insieme unico di rischi e potenziali comportamenti dannosi.

## La Stigmatizzazione Sociale

La stigmatizzazione dell'abuso di sostanze può avere un impatto significativo sul comportamento dannoso. Gli individui che si sentono giudicati o emarginati a causa della loro dipendenza possono ritrovarsi isolati, il che può peggiorare sia la loro dipendenza che i comportamenti associati. La sensazione di vergogna o colpa può anche impedire loro di cercare aiuto.

## Economia dell'Abuso di Sostanze

L'abuso di sostanze ha anche un aspetto economico. La necessità di finanziare l'abuso può portare a comportamenti criminali come furti o truffe. Inoltre, l'industria illegale delle droghe può alimentare la violenza e altre attività criminali, creando un ciclo di comportamento dannoso a livello comunitario.

## Implicazioni sulla Salute Pubblica

L'abuso di sostanze non solo porta a comportamenti dannosi a livello individuale, ma ha anche gravi ripercussioni sulla salute pubblica. Le epidemie legate all'abuso di oppioidi, per esempio, hanno portato a un aumento delle malattie trasmissibili come l'HIV e l'epatite C a causa della condivisione di aghi.

## Terapie Alternative e Approcci Olistici

Oltre ai tradizionali programmi di riabilitazione, esistono approcci alternativi e olistici all'abuso di sostanze. Terapie come la meditazione, lo yoga, e l'arte-terapia possono offrire aiuti complementari nel processo di recupero, indirizzando non solo l'abuso di sostanze, ma anche le cause sottostanti del comportamento dannoso.

## Impatto sullo Sviluppo dei Giovani

L'abuso di sostanze nei giovani può avere gravi ripercussioni sul loro sviluppo fisico, mentale ed emotivo. L'esposizione a sostanze durante questi anni critici può influenzare la maturazione del cervello e portare a problemi di comportamento a lungo termine.

**Ricerca Futura e Speranze di Trattamento**

Mentre l'abuso di sostanze e i comportamenti dannosi correlati sono chiaramente un problema globale, la ricerca continua a evolversi. Nuovi farmaci, terapie e approcci di intervento vengono costantemente sviluppati, offrendo speranza a coloro che lottano con la dipendenza e i comportamenti dannosi associati.

La complessità dell'abuso di sostanze e del comportamento dannoso correlato è tanto vasta quanto profondamente radicata nella tessitura della società moderna. L'interazione tra la biologia, la psicologia, il contesto socioculturale e i fattori economici rende questo un argomento tanto cruciale quanto sfuggente, e la ricerca di soluzioni efficaci rappresenta una sfida costante per professionisti e ricercatori.

Innanzitutto, è fondamentale comprendere che l'abuso di sostanze non è semplicemente una scelta personale o un segno di debolezza. Molti fattori, dall'ereditarietà alla storia di vita, possono aumentare la vulnerabilità di un individuo all'abuso di sostanze. Inoltre, l'uso di droghe e alcol può alterare la chimica e la struttura del cervello, creando un ciclo di dipendenza che può essere estremamente difficile da rompere.

La stigmatizzazione sociale dei dipendenti da sostanze complica ulteriormente la situazione. Invece di vedere questi individui come persone che necessitano di aiuto e comprensione, spesso vengono emarginati, discriminati o trattati come criminali. Questa stigmatizzazione può impedire a molte persone di cercare l'aiuto di cui hanno disperatamente bisogno e può contribuire a un ciclo perpetuo di abuso e comportamento dannoso.

Dal punto di vista terapeutico, è essenziale adottare un approccio olistico e integrato. Non basta semplicemente trattare la dipendenza; è fondamentale affrontare le cause sottostanti e i comportamenti dannosi che sono legati all'abuso di sostanze. Ciò potrebbe includere la terapia individuale o di gruppo, farmacoterapia, terapie alternative e interventi comunitari.

Per quanto riguarda le politiche pubbliche, una risposta efficace all'abuso di sostanze richiede un approccio equilibrato che combini prevenzione, trattamento e riduzione del danno. L'educazione e la sensibilizzazione possono giocare un ruolo fondamentale nella prevenzione, mentre l'accesso a trattamenti efficaci è essenziale per coloro che sono già intrappolati nel ciclo della dipendenza.

In conclusione, mentre la relazione tra abuso di sostanze e comportamento dannoso rappresenta una sfida significativa, c'è anche motivo di speranza. La continua ricerca e innovazione in questo campo offre nuove opportunità per comprendere meglio queste dinamiche e sviluppare interventi più efficaci. Con un impegno combinato da parte di professionisti, responsabili delle politiche e comunità, è possibile creare un futuro in cui l'abuso di sostanze e i comportamenti dannosi associati siano compresi e trattati con l'empatia, la comprensione e l'efficacia che meritano.

18. Cibernetica e Manipolazione Online • Investigare come la tecnologia viene utilizzata per la manipolazione psicologica.

## Introduzione al Ruolo della Cibernetica nella Manipolazione Online

La cibernetica, che si riferisce allo studio dei sistemi, dei controlli e delle comunicazioni in animali, macchine e organizzazioni, ha visto un'esplosione nell'era moderna con l'ascesa di Internet e delle tecnologie digitali. Questo progresso ha portato a nuovi modi in cui la tecnologia può essere sfruttata per manipolare le persone a livello psicologico.

## Algoritmi e Personalizzazione

Uno dei modi principali in cui la manipolazione online avviene è attraverso l'uso di algoritmi. Questi algoritmi sono progettati per analizzare i comportamenti degli utenti, le loro preferenze e altri dati per fornire contenuti personalizzati. Mentre inizialmente questi algoritmi erano mirati a migliorare l'esperienza dell'utente, spesso conducono a quello che viene chiamato "camere dell'eco", in cui gli utenti sono esposti solo a informazioni che rafforzano le loro credenze esistenti, limitando l'esposizione a prospettive diverse.

## Tecnologie di Tracciamento e Pubblicità Mirata

Le aziende utilizzano varie tecnologie di tracciamento per raccogliere dati sugli utenti. Questi dati vengono poi utilizzati per creare profili dettagliati che possono essere sfruttati per pubblicità mirata. La pubblicità basata sul comportamento, ad esempio, presenta annunci basati sulle azioni passate dell'utente, spingendo prodotti o servizi che sono molto più probabili che l'utente acquisti.

## Giochi e Applicazioni di Gamification

L'introduzione di elementi di gioco in applicazioni non legate ai giochi, come i badge, i punteggi e le classifiche, può spingere gli utenti a comportarsi in modi specifici. Questa gamification può incoraggiare l'uso compulsivo e aumentare il tempo trascorso su una piattaforma o un'applicazione.

## Disonestà e Fake News

Il mondo online è diventato un terreno fertile per la diffusione di informazioni false o ingannevoli. Che si tratti di fake news, recensioni false o propaganda, la capacità di diffondere rapidamente informazioni attraverso canali digitali ha reso più facile manipolare l'opinione pubblica.

## Social Engineering e Phishing

La manipolazione online non si limita alla pubblicità o alla diffusione di informazioni. Gli attacchi di social engineering, come il phishing, cercano di ingannare gli utenti per ottenere informazioni sensibili, sfruttando la psicologia piuttosto che le vulnerabilità del software.

## Disegno Persuasivo

Le piattaforme online, in particolare i social media, sono spesso progettate per essere il più coinvolgenti possibile. Questo può includere tecniche come le notifiche push, i "mi piace" e le reazioni, e le storie "effimere" che scompaiono dopo un determinato periodo. Questi elementi possono incoraggiare la compulsività e l'uso eccessivo.

## Dipendenza da Tecnologia e Implicazioni Psicologiche

L'esposizione costante alla tecnologia e la dipendenza dalle piattaforme digitali possono avere varie implicazioni psicologiche, tra cui ansia, depressione e disturbi del sonno. Inoltre, la costante necessità di validazione attraverso i "mi piace" e i commenti può influenzare l'autostima e il senso di autenticità.

## Conclusioni e Riflessioni sull'Etica

Mentre la cibernetica e la tecnologia offrono straordinarie opportunità per l'innovazione e il progresso, è essenziale riflettere sull'uso etico di tali strumenti. La manipolazione online, in molte delle sue forme, solleva serie preoccupazioni in termini di autonomia, consapevolezza e libertà dell'individuo. È imperativo che sviluppatori, aziende e decisori politici considerino attentamente le implicazioni psicologiche delle loro azioni nel mondo digitale, garantendo un equilibrio tra innovazione tecnologica e benessere umano.

## Sistemi di Ricompensa e Dopamina

Una componente cruciale della manipolazione online riguarda la neurobiologia. Molte piattaforme online sono progettate intorno ai sistemi di ricompensa del cervello. Ogni volta che riceviamo una notifica, un "mi piace" o un commento, si verifica una piccola liberazione di dopamina, un neurotrasmettitore associato al piacere e alla ricompensa. Questa "dose" di dopamina può portare a un ciclo di rinforzo, rendendo difficile per l'utente distaccarsi o limitare l'uso di una piattaforma.

**Profilazione Psicologica e Microtargeting**

Con l'accesso a enormi quantità di dati sugli utenti, le aziende possono creare profili psicologici dettagliati. Questi profili possono essere utilizzati per il microtargeting, una forma avanzata di pubblicità mirata. Ad esempio, una persona identificata come estroversa potrebbe ricevere annunci differenti rispetto a qualcuno classificato come introverso. Questo tipo di targetizzazione può essere estremamente efficace, ma solleva anche preoccupazioni etiche riguardo la privacy e l'autonomia individuale.

**Deepfake e Realtà Alterata**

Una tecnologia emergente con il potenziale di manipolare la percezione online è quella dei deepfake. Utilizzando l'intelligenza artificiale, i deepfake possono creare video o audio estremamente realistici di persone reali dicendo o facendo cose che non hanno mai detto o fatto. Questo strumento può essere usato per disinformazione, diffamazione o persino ricatto.

## Bolle Filtro e Polarizzazione

La personalizzazione online può portare alla formazione di bolle filtro, in cui gli individui sono esposti principalmente a informazioni che riflettono le loro credenze e opinioni preesistenti. Ciò può portare a una polarizzazione estrema, dove le persone si radicalizzano nelle loro opinioni perché non sono esposte a punti di vista contrastanti.

## Tecniche di Nudging Online

Il "nudging" è una tecnica che implica la presentazione di scelte in un modo che "spinge" le persone a prendere una decisione particolare. Nel contesto online, questo potrebbe includere la modifica dell'ordine in cui vengono presentate le opzioni, l'utilizzo di preselezione o la presentazione di informazioni in un modo particolare per influenzare le decisioni degli utenti.

## Influenzatori e Autorità Percepita

Con l'ascesa dei social media, gli influenzatori sono diventati una forza dominante nel panorama digitale. Questi individui, che possono avere milioni di follower, detengono un potere significativo nel modellare opinioni, comportamenti e tendenze. Tuttavia, la linea tra autenticità e promozione paga è spesso sfumata, portando a potenziali manipolazioni del pubblico.

## Sicurezza Psicologica e Cyberbullismo

L'anonimato di Internet e la distanza fisica tra gli utenti possono portare a comportamenti che non si verificherebbero in interazioni faccia a faccia. Ciò include il cyberbullismo, le molestie e altre forme di abuso online. Questi comportamenti possono avere effetti devastanti sulla psiche degli individui, portando a traumi, ansia e, in alcuni casi, a conseguenze ancora più gravi.

## Design Intuitivo e Trappole della UX

Molte piattaforme online sono progettate per essere il più intuitive possibile, riducendo la "frizione" tra l'utente e l'azione desiderata. Tuttavia, questo design intuitivo può anche nascondere trappole della UX (user experience), dove gli utenti vengono indirizzati verso decisioni che potrebbero non essere nel loro migliore interesse, ma che servono gli obiettivi della piattaforma o dell'applicazione.

## Viralità e Conformità

La natura connessa del mondo online significa che le tendenze, le idee e le informazioni possono diventare virali in un battito di ciglia. Questa viralità può portare a una conformità di massa, dove gli individui adottano comportamenti o credenze non perché li condividono sinceramente, ma perché percepiscono che "tutti gli altri lo stanno facendo". Questa pressione conformista può essere manipolata intenzionalmente attraverso campagne virali mirate.

## Realizzazione di Bot e Account Automatizzati

L'ascesa dei bot online, programmi che eseguono azioni automatiche su Internet, ha portato a nuovi livelli di manipolazione. I bot possono essere utilizzati per amplificare messaggi, diffondere disinformazione o influenzare la percezione pubblica. Ad esempio, un hashtag può diventare "trend" su Twitter grazie all'azione coordinata di migliaia di bot, dando l'illusione di un'opinione popolare.

## Psicologia della Scarsità e FOMO (Fear of Missing Out)

Le piattaforme online spesso sfruttano la psicologia della scarsità per incoraggiare comportamenti specifici. Ciò può manifestarsi come offerte a tempo limitato, prodotti in edizione limitata o eventi esclusivi. Inoltre, la natura costantemente aggiornata dei social media alimenta una sensazione di FOMO, spingendo gli utenti a controllare regolarmente le loro piattaforme per paura di perdere qualcosa di importante.

## Ingegneria Sociale e Predazione

Al di là delle tattiche di marketing e pubblicità, ci sono individui e organizzazioni che utilizzano la tecnologia e le piattaforme online per predare gli altri. Che si tratti di truffe romantiche, schemi di phishing avanzati o reclutamento per organizzazioni estremiste, la manipolazione online può avere intenzioni maliziose dirette.

## Feedback Continuo e Cicli di Rinforzo

Molti sistemi online sono costruiti attorno a cicli di feedback rapidi e continui. Questo rinforzo immediato, come ricevere un "mi piace" poco dopo aver pubblicato un post, può creare un ciclo di dipendenza, dove l'utente è costantemente alla ricerca del prossimo "hit" di validazione.

## Tecniche di Scrolling Infinito e Attivazione Costante

Il design di molte piattaforme social incoraggia gli utenti a rimanere il più possibile. Tecniche come lo scrolling infinito, dove il contenuto continua a caricarsi man mano che si scorre, assicurano che non ci sia mai un punto di arresto definito. Ciò può portare a sessioni di utilizzo prolungate e involontarie.

## Manipolazione della Percezione Temporale

La velocità e la natura sempre attiva del mondo online possono distorcere la nostra percezione del tempo. Molti hanno sperimentato il fenomeno di andare online "per pochi minuti" solo per scoprire che sono passate ore. Questa distorsione temporale può essere utilizzata per mantenere gli utenti impegnati e investiti in una piattaforma.

**Dissonanza Cognitiva e Conferma Bias**
L'esposizione selettiva a informazioni che confermano le credenze preesistenti, insieme alla riluttanza a cambiare opinioni di fronte a nuove informazioni, può essere esacerbata online. Le piattaforme possono involontariamente (o intenzionalmente) esacerbare questi bias presentando agli utenti contenuti che rafforzano le loro opinioni e filtrando le informazioni contrastanti.

**Sfruttamento delle Emozioni e Clickbait**
I titoli sensazionalistici e le immagini provocatorie, comunemente noti come "clickbait", sono progettati per sfruttare le reazioni emotive immediate. Questa tattica punta a spingere gli utenti a cliccare su un contenuto basandosi su una risposta emotiva impulsiva piuttosto che su una valutazione razionale.

**Tecniche di Dark Pattern**
Il design può essere utilizzato non solo per migliorare l'esperienza dell'utente, ma anche per indurlo in errore. Le tecniche di "dark pattern" sono strategie di design che portano gli utenti a

compiere azioni che potrebbero non essere nel loro migliore interesse, come iscriversi involontariamente a una newsletter o accettare condizioni di cui potrebbero non essere pienamente consapevoli.

La continua evoluzione della tecnologia e della cibernetica garantirà che emergano nuove strategie di manipolazione. Per contrastare questo fenomeno, è essenziale rimanere informati e sviluppare una maggiore consapevolezza delle tattiche utilizzate.

## Polarizzazione e Camere dell'Eco

Oltre alle camere dell'eco già menzionate, la polarizzazione online sta diventando un fenomeno sempre più preoccupante. Gli individui tendono a raggrupparsi in comunità di pensiero simile, riducendo ulteriormente l'esposizione a diverse prospettive. Questo effetto è amplificato da algoritmi che mostrano agli utenti ciò che è più probabile che apprezzino, creando una spirale in cui gli utenti diventano sempre più radicalizzati nelle loro credenze.

## Sovraccarico Informativo e Paralisi da Analisi

La vastità e la rapidità dell'informazione disponibile online possono portare a ciò che viene chiamato sovraccarico informativo. Gli utenti sono bombardati da così tante informazioni che diventa difficile processare e valutare ciò che è rilevante o veritiero. Questa sovrabbondanza può portare a una paralisi da analisi, dove le persone sono così sopraffatte dalle opzioni e dalle informazioni che diventa difficile prendere decisioni.

## Conformità e Pressione dei Pari Online

La natura sociale del web ha amplificato l'effetto della pressione dei pari. Gli utenti, in particolare i giovani, possono sentirsi obbligati a conformarsi alle norme o ai comportamenti popolari in una determinata piattaforma o comunità online, anche quando va contro i loro valori o il loro meglio interesse.

## Tecniche di Hyper-Personalization

Andando oltre la semplice pubblicità mirata, alcune piattaforme stanno ora sperimentando l'hyper-personalization, dove ogni aspetto dell'esperienza dell'utente, dalla disposizione dei contenuti alla colorazione dell'interfaccia, può essere ottimizzato per massimizzare l'interazione dell'utente.

## Intelligenza Artificiale e Predittività

Con l'ascesa dell'intelligenza artificiale, le piattaforme online ora hanno la capacità non solo di reagire ai comportamenti degli utenti ma anche di prevederli. Questa capacità predittiva può essere utilizzata per anticipare le esigenze o i desideri degli utenti, presentando contenuti o annunci prima ancora che l'utente realizzi di volerli.

## Monetizzazione dell'Attenzione

In un'epoca in cui l'attenzione è considerata una valuta, molte piattaforme sono progettate per catturare e mantenere l'attenzione degli utenti il più a lungo possibile. Questo può portare a tattiche manipolative, come contenuti raccomandati che tengono gli utenti agganciati o video autoplay che iniziano non appena si finisce di guardare un altro contenuto.

## Uso di Emoticon e Linguaggio Non Verbale

In un ambiente dove la comunicazione verbale è limitata, le emoticon, le GIF e altri elementi visivi giocano un ruolo cruciale nel trasmettere emozioni e toni. Tuttavia, queste possono anche essere utilizzate in modo manipolativo, come per minimizzare commenti negativi o enfatizzare certi sentimenti in modo sproporzionato.

## Distorsioni Cognitive e Rinforzo Negativo

Oltre al già menzionato rinforzo positivo attraverso i "mi piace" e i commenti, le piattaforme possono anche sfruttare il rinforzo negativo. Un esempio potrebbe essere la paura di perdere seguito da notifiche di "qualcuno ha commentato la tua foto" che spingono gli utenti a controllare e interagire con la piattaforma anche quando non lo desiderano veramente.

**Interruzioni e Distruttività Costante**
La progettazione di molte app e siti web include notifiche e pop-up che interrompono costantemente l'utente. Questa costante distruttività può non solo ridurre la produttività, ma anche aumentare i livelli di stress e ansia.
**Sfruttamento delle Vulnerabilità Umane**
Molte tattiche manipolative online sfruttano semplicemente le vulnerabilità umane innate.

La cibernetica e la manipolazione online rappresentano una convergenza senza precedenti di tecnologia, psicologia e potere. Il fulcro di questa convergenza è l'attenzione dell'utente. L'era digitale ha introdotto nuove forme di comunicazione, interazione e consumo di contenuti. Tuttavia, proprio come l'illimitato potenziale per il progresso e l'innovazione, si sono aperte porte anche a tecniche manipolative sofisticate.

Le piattaforme digitali, siano esse social media, siti di e-commerce o app di messaggistica, sono progettate per catturare e trattenere l'attenzione. Questo non è un accidente. La monetizzazione dell'attenzione, attraverso la pubblicità e la vendita di dati, è diventata una delle principali fonti di reddito per molte di queste piattaforme. L'utente, con le sue interazioni, emozioni e dati, è diventato il prodotto.

L'uso di algoritmi per personalizzare l'esperienza dell'utente, presentando contenuti che risonano con le sue credenze e interessi, crea camere dell'eco, limitando l'esposizione a una diversità di opinioni e informazioni. Questa personalizzazione può, a sua volta, rafforzare convinzioni preesistenti, limitare il pensiero critico e polarizzare ulteriormente gli individui o i gruppi.

I dark patterns, le tecniche di design intenzionalmente ingannevoli, sfruttano le debolezze cognitive umane per guidare gli utenti verso comportamenti che potrebbero non essere nel loro interesse. Questi possono variare dalle semplici trappole di opt-in ai processi di checkout complicati che rendono difficile per l'utente evitare acquisti indesiderati.

Le tecniche di manipolazione online non sono limitate alla vendita di prodotti o alla promozione di contenuti. Sono state utilizzate per alterare percezioni, influenzare elezioni, diffondere disinformazione e, in alcuni casi, radicalizzare individui.

Tuttavia, con la crescente consapevolezza di queste pratiche, c'è anche una crescente richiesta di trasparenza e responsabilità. La regolamentazione, la formazione in alfabetizzazione digitale e un design etico sono

visti da molti come passi fondamentali per affrontare e ridurre la manipolazione online.
In conclusione, mentre la tecnologia offre strumenti potenti che possono migliorare le nostre vite in molti modi, possiede anche il potere di manipolare e influenzare su una scala mai vista prima. È essenziale per gli individui essere consapevoli, critici e proattivi nel navigare nel paesaggio digitale, garantendo che la tecnologia serva come uno strumento per l'umanità, piuttosto che il contrario.

19. Predatori Sociali • Analizzare le caratteristiche e le tattiche dei predatori sociali.

I predatori sociali sono individui che sfruttano e manipolano gli altri per i loro interessi personali, spesso senza riguardo o empatia per le vittime. Questi individui possono operare in vari contesti, da relazioni personali a ambienti di lavoro, e utilizzano una gamma di tattiche sottili e, talvolta, ovvie per ottenere ciò che vogliono. L'analisi delle loro caratteristiche e tattiche è fondamentale per riconoscerli e proteggersi da loro.

**Caratteristiche dei Predatori Sociali:**

1. **Mancanza di Empatia:** Una delle caratteristiche più distintive dei predatori sociali è una marcata mancanza di empatia per gli altri.

Non riescono a mettersi nei panni degli altri e spesso non provano rimorso per le loro azioni.

2. **Manipolazione:** Questi individui sono abili manipolatori, spesso utilizzando le emozioni e le vulnerabilità delle persone contro di loro.

3. **Carisma:** Paradossalmente, molti predatori sociali possono apparire estremamente carismatici e affascinanti. Utilizzano questo carisma per attirare le persone e guadagnare la loro fiducia.

4. **Narcisismo:** Molti predatori sociali mostrano tratti narcisistici, tra cui un senso esagerato del proprio valore e un bisogno costante di ammirazione.

5. **Compulsività:** Sono spesso individui compulsivi, agendo senza pensare alle conseguenze o senza considerare gli altri.

6. **Inganno:** Sono abili bugiardi e possono costruire intricate reti di inganni per nascondere le loro vere intenzioni o azioni.

**Tattiche Utilizzate dai Predatori Sociali:**

1. **Isolamento:** Una tattica comune è isolare la vittima da amici e familiari, rendendo la persona più vulnerabile e dipendente dal predatore.

2. **Gaslighting:** Questa è una tecnica psicologica in cui il predatore fa dubitare la vittima della propria realtà o memoria, creando confusione e dipendenza.

3. **Sfruttamento delle Vulnerabilità:** Identificano e sfruttano le vulnerabilità della vittima, sia che si tratti di insicurezze emotive, traumi passati o bisogni insoddisfatti.

4. **Ricompense e Punizioni:** Utilizzano un sistema di ricompense e punizioni per controllare e manipolare il comportamento della vittima.

5. **Inganno e Menzogna:** Come già menzionato, mentire e ingannare sono secondi solo alla loro natura. Essi costruiranno storie false o esagereranno fatti per guadagnare simpatia, fiducia o controllo.

6. **Intimidazione e Minaccia:** Quando le tattiche sottili non funzionano, possono ricorrere all'intimidazione o alle minacce, esplicite o implicite, per ottenere ciò che vogliono.

7. **Love Bombing:** Inizialmente, potrebbero sommergere la vittima con affetto, regali e attenzione (conosciuto come "love bombing") solo per ritirare tali attenzioni in seguito, lasciando la vittima confusa e ansiosa.

In sintesi, i predatori sociali sono individui abili e manipolatori che sfruttano gli altri per i propri benefici. Conoscere le loro tattiche e caratteristiche è il primo passo per proteggersi. La consapevolezza, l'educazione e il sostegno sono fondamentali per prevenire la manipolazione e l'abuso da parte di questi individui.

**Ciclo dell'Abuso:**

I predatori sociali spesso seguono un ciclo di abuso che può essere identificato e previsto. Questo ciclo può includere fasi di luna di miele, tensione e violenza.

1. **Fase della Luna di Miele:** Durante questa fase, il predatore può sembrare affettuoso, premuroso e comprendere i bisogni della vittima. Questo comportamento instaura una sensazione di sicurezza, rendendo la vittima meno diffidente e più vulnerabile alle successive manipolazioni.

2. **Fase di Tensione:** Man mano che il tempo passa, emergono tensioni e conflitti. La vittima può sentirsi come se stesse camminando sulle uova, temendo di innescare un'esplosione. Durante questa fase, il predatore può iniziare a mostrare segni di gelosia, possessività o irritabilità.

3. **Fase di Violenza:** Dopo un periodo di tensione crescente, il predatore può esplodere in un accesso di rabbia o violenza, che può essere fisica, verbale o emotiva. Dopo l'incidente, possono esprimere rimorso e promettere che non accadrà mai più, facendo ritornare la relazione alla fase della luna di miele.

**Utilizzo di Tecnologia e Mezzi di Comunicazione:**

Con l'ascesa dei social media e delle tecnologie digitali, i predatori sociali hanno nuovi strumenti a loro disposizione. Attraverso la tecnologia, possono:

1. **Monitorare:** Utilizzando la geolocalizzazione, i social media e altre applicazioni, i predatori possono monitorare le attività e i movimenti delle vittime.
2. **Catfishing:** Creare falsi profili online per ingannare e manipolare potenziali vittime.
3. **Distribuzione Non Consensuale:** Usare immagini o informazioni private come mezzo di ricatto o vendetta contro una vittima.

**Relazioni Tra Predatori e Vittime:**
La dinamica tra predatori e vittime può variare notevolmente a seconda della situazione.

1. **Dipendenza:** I predatori possono creare una dipendenza, finanziaria, emotiva o fisica, rendendo difficile per la vittima allontanarsi o cercare aiuto.
2. **Ruolo delle Autorità:** In alcune situazioni, i predatori possono essere in posizioni di potere o autorità, rendendo ancora più difficile per le vittime difendersi o segnalare abusi.
3. **Strategie di Diversione:** Quando accusati o confrontati, i predatori sociali spesso usano tattiche di diversione, come invertire le colpe, minimizzare i loro comportamenti o negare completamente le loro azioni.

**Impatto Sulle Vittime:**
L'impatto della manipolazione e dell'abuso dei predatori sociali sulle vittime può essere profondo e duraturo.

1. **Trauma Emotivo:** Le vittime possono sperimentare un range di emozioni, dalla vergogna alla rabbia, alla depressione.

2. **Disturbi di Stress Post-Traumatico (PTSD):** L'esposizione prolungata all'abuso può portare a sintomi di PTSD, incluso ma non limitato a incubi, flashbacks e ansia.

3. **Distrutto Senso di Sé:** La continua degradazione e manipolazione possono erodere l'autostima e il senso di sé della vittima.

4. **Isolamento:** Spesso, le vittime si isolano da amici e famiglia a causa della vergogna o per paura di rappresaglie.

La comprensione dei modelli di comportamento dei predatori sociali e dei meccanismi con cui operano è essenziale per riconoscerli, evitarli e sostenere le loro vittime. Tuttavia, è altrettanto cruciale riconoscere che non tutte le vittime reagiscono nello stesso modo e che la guarigione può richiedere tempo e supporto.

**Predatori nelle Diverse Fasi della Vita:**
Mentre spesso pensiamo ai predatori sociali
come individui che mirano a adulti vulnerabili, la
realtà è che possono mirare a persone di tutte le
età.

1. **Infanzia:** I bambini possono essere
   particolarmente vulnerabili ai predatori sociali a
   causa della loro naturale fiducia e mancanza di
   esperienza. Questi predatori possono essere
   adulti o persino adolescenti più grandi, e possono
   usare dolci, regali o segreti come mezzo per
   guadagnare la fiducia e il silenzio del bambino.

2. **Adolescenza:** Durante l'adolescenza, molti
   giovani sono ansiosi di adattarsi e di essere
   accettati. I predatori possono sfruttare queste
   insicurezze promettendo accettazione, amore o
   status in cambio di favori o segreti.

3. **Anziani:** Gli anziani possono diventare bersagli
   a causa della loro crescente dipendenza,
   vulnerabilità fisica o potenziale isolamento. I
   predatori possono posare come caregiver, amici o
   persino parenti.

**Mezzi Subdoli di Ingresso nelle Vite delle
Vittime:**
Mentre in passato i predatori potevano accedere
alle loro vittime attraverso mezzi diretti come
l'incontro faccia a faccia, oggi hanno una
moltitudine di vettori a loro disposizione.

1. **Online:** Con l'ascesa di internet, i predatori hanno nuove opportunità di ingannare e manipolare. Possono presentarsi con false identità in chat room, forum, applicazioni di incontri o giochi online.

2. **Associazioni e Gruppi:** A volte, i predatori si infiltrano in organizzazioni o gruppi, come chiese, squadre sportive o club, sfruttando la fiducia e l'autorità intrinseche in tali ruoli.

3. **Ruoli di Autorità:** Posizioni come insegnanti, allenatori, leader religiosi o qualsiasi altro ruolo con una dinamica di potere intrinseco possono essere sfruttate dai predatori per guadagnare accesso e controllo sulle loro vittime.

**L'Importanza della Prevenzione e dell'Educazione:**

La prevenzione è una componente fondamentale nella lotta contro i predatori sociali. Essere proattivi può fare la differenza nel proteggere se stessi e gli altri.

1. **Educazione:** La formazione su cosa cercare e come reagire è cruciale. Le scuole, le chiese e altre organizzazioni dovrebbero avere programmi in atto per educare sia gli adulti che i bambini sui rischi e su come proteggersi.

2. **Comunicazione Aperta:** Favorire un ambiente in cui le vittime potenziali si sentano libere di parlare delle loro esperienze e preoccupazioni può aiutare a identificare e

fermare i predatori prima che possano infliggere danni.

3. **Verifiche dei Background:** Le organizzazioni dovrebbero avere politiche rigide per controllare i background di coloro che lavorano con gruppi vulnerabili, come bambini o anziani.

I predatori sociali rappresentano una minaccia reale e presente in molte società. La chiave per combatterli è attraverso la consapevolezza, l'educazione e l'azione collettiva. Tuttavia, è fondamentale non cadere nella trappola della paranoia o dell'alienazione, ma piuttosto approcciare la questione con una consapevolezza equilibrata e informata.

I predatori sociali sono una realtà intricata e spesso sfuggente, in particolare perché il loro operato si nasconde dietro facciate di normalità o addirittura di affabilità. Questi individui sono esperti nell'identificare e sfruttare le vulnerabilità delle persone, facendo affidamento su una vasta gamma di tattiche manipolative per ottenere ciò che desiderano, che sia potere, controllo, soddisfazione personale o altri obiettivi nefasti. La loro presenza permea diversi aspetti della società, dai rapporti interpersonali alle organizzazioni, ai media digitali. L'evoluzione della tecnologia ha solo ampliato il loro terreno di gioco, offrendo nuove piattaforme come i social media e le applicazioni di incontri per manipolare e sfruttare.

Tuttavia, è fondamentale riconoscere che, nonostante le loro abilità manipolative, i predatori sociali non sono invincibili. La chiave per contrastare il loro operato risiede nella consapevolezza e nell'educazione. Informarsi sulle loro tattiche, riconoscere i segni precoci di manipolazione e promuovere una comunicazione aperta possono essere strumenti potenti per proteggere se stessi e gli altri.

L'importanza dell'educazione non può essere sottovalutata. Programmi scolastici, workshop comunitari e campagne di sensibilizzazione possono svolgere un ruolo cruciale nell'armare le persone con le conoscenze necessarie per riconoscere e resistere alle tattiche dei predatori. Inoltre, è essenziale promuovere un clima in cui le vittime di predatori sociali si sentano sostenute e abbiano la capacità di parlare senza paura di vergogna o ripercussioni. Ciò può includere la creazione di linee di aiuto, centri di sostegno e risorse legali specifiche.

In sintesi, mentre i predatori sociali rappresentano una minaccia tangibile, la società ha a disposizione gli strumenti e le risorse per combattere la loro influenza. La chiave sta nell'informazione, nell'azione collettiva e nella solidarietà, per garantire un ambiente sicuro e sostenibile per tutti.

20. Recupero e Terapia • Esplorare le opzioni di recupero e terapia per le vittime di "psicologia nera".

Il trauma e il danno psicologico inflitto dalle tecniche di "psicologia nera" possono avere effetti profondi e duraturi sulle vittime. Tuttavia, con l'aiuto appropriato e il sostegno, le vittime possono trovare vie per guarire, ricostruire la propria autostima e riguadagnare un senso di controllo e autonomia nella propria vita. Ecco una panoramica dettagliata delle opzioni di recupero e terapia disponibili:

**Terapia Individuale:**

1. **Terapia Cognitivo-Comportamentale (CBT):** Questa forma di terapia aiuta le vittime a riconoscere e sfidare i pensieri e i comportamenti negativi che possono essere stati internalizzati a causa della manipolazione e dell'abuso. Focalizzandosi su obiettivi specifici, il CBT può aiutare le persone a sviluppare strategie per gestire lo stress, l'ansia e la depressione.

2. **Terapia basata sulla Psicoeducazione:** Questo tipo di terapia si concentra sull'insegnamento alle vittime riguardo ai meccanismi e alle tecniche di manipolazione e

controllo che potrebbero aver sperimentato, aiutandole a comprendere meglio le loro esperienze.

3. **Terapia del Trauma:** Specialmente progettata per le persone che hanno vissuto traumi gravi, questa terapia può includere tecniche come l'EMDR (Desensibilizzazione e Rielaborazione attraverso i Movimenti Oculari) per aiutare le vittime a elaborare e superare esperienze traumatiche.

**Gruppi di Sostegno e Terapia di Gruppo:**

1. **Gruppi di Auto-Aiuto:** Questi gruppi forniscono un ambiente sicuro in cui le vittime possono condividere le proprie esperienze e trovare sostegno reciproco. Il sentirsi capiti e accettati può essere un passo cruciale nel processo di guarigione.

2. **Gruppi Terapeutici Guidati:** Guidati da un terapeuta professionista, questi gruppi possono offrire alle vittime sia il sostegno dei pari sia un'orientamento professionale nel loro percorso di recupero.

**Terapie Alternative e Olistiche:**

1. **Mindfulness e Meditazione:** Queste pratiche possono aiutare le vittime a connettersi con il presente e a ridurre i sintomi di ansia e stress post-traumatico.

2. **Yoga e Tai Chi:** Attraverso la connessione mente-corpo, queste discipline possono aiutare a

rilassare e rinforzare sia il corpo che la mente, offrendo un senso di pace e equilibrio.

3. **Terapia con l'Arte o la Musica:** Queste terapie utilizzano l'espressione artistica come mezzo per esplorare e elaborare emozioni e traumi.

**Risorse e Interventi Comunitari:**

1. **Linee di Aiuto:** Ci sono molte linee di aiuto disponibili, sia a livello nazionale che locale, che offrono ascolto, sostegno e orientamento alle vittime.

2. **Rifugi e Centri di Sostegno:** Questi spazi forniscono un ambiente sicuro per le vittime, oltre a risorse e servizi come counseling, formazione e assistenza legale.

**Educazione e Prevenzione:**

Oltre alla terapia e al recupero, è fondamentale educare le persone sui pericoli della "psicologia nera" e su come proteggersi. Seminari, workshop e corsi possono essere offerti nelle scuole, nelle università e in altri contesti comunitari.

In conclusione, sebbene le ferite inflitte dalla "psicologia nera" possano essere profonde, esiste un'ampia gamma di risorse e terapie che possono aiutare le vittime a trovare un percorso verso la guarigione e il rinnovato benessere. La chiave è riconoscere il bisogno di aiuto e cercare attivamente il sostegno necessario.

## Conclusione: Psicologia Nera - Un'esplorazione del lato oscuro della mente

La "psicologia nera" si immerge nelle profondità delle tattiche e dei comportamenti manipolatori e distruttivi che possono essere perpetrati dagli esseri umani. Questo libro ha esaminato vari aspetti, tra cui:

1. **Origine della Psicologia Nera:** L'evoluzione storica e culturale delle tecniche manipolative.
2. **Manipolazione Psicologica:** Le molteplici tattiche usate per controllare e ingannare.
3. **Coercizione:** La forza sottile o evidente usata per influenzare il comportamento.
4. **Perversità Narcisistica:** Gli impatti del narcisismo maligno.
5. **Psicopatia:** La freddezza emotiva e la mancanza di empatia.
6. **Controllo Mentale:** Le tecniche usate per dominare la psiche.
7. **Comportamento Sadico:** Il piacere derivato dal dolore altrui.
8. **Abuso Emotivo:** I danni non fisici ma profondamente ferenti.
9. **Teoria dell'Attaccamento:** Come le relazioni precoci possono influenzare comportamenti negativi.
10. **Dipendenza Affettiva:** L'insicurezza che può portare alla manipolazione.

11. **Brainwashing:** Il risciacquo della mente per il controllo.
12. **Effetti delle Traume:** L'impatto profondo delle esperienze traumatiche.
13. **Gaslighting:** Creare dubbi sulla realtà della vittima.
14. **Machiavellismo:** Manipolazione astuta per il guadagno personale.
15. **Sindrome di Stoccolma e Lima:** Solidarietà e simpatia verso il carnefice.
16. **Abuso di Sostanze:** La correlazione tra sostanze e comportamento dannoso.
17. **Cibernetica e Manipolazione Online:** L'uso della tecnologia come arma.
18. **Predatori Sociali:** Le tattiche degli aggressori nella società.
19. **Recupero e Terapia:** La via per la guarigione e il benessere.

Per chiunque cerchi ulteriori informazioni o risorse, ci sono numerosi siti web, organizzazioni e pubblicazioni che offrono supporto e istruzione. Ecco alcune risorse consigliate:

- **Associazione Americana di Psicologia (APA):** www.apa.org
- **Centro per il Controllo e la Prevenzione delle Malattie (CDC):** sezione sulla violenza interpersonale.
- **The National Domestic Violence Hotline:** www.thehotline.org

- **Mind**: Organizzazione britannica per la salute mentale, www.mind.org.uk
- **SAMHSA (Amministrazione dei Servizi di Salute Mentale e Abuso di Sostanze)**: www.samhsa.gov
- **Libri come "The Sociopath Next Door" di Martha Stout e "Without Conscience" di Robert D. Hare** forniscono ulteriori intuizioni sulla psicopatia e altri disturbi correlati.

Ricorda sempre che, sebbene queste informazioni possano essere agghiaccianti, l'obiettivo è fornire una maggiore consapevolezza e comprensione. Con la conoscenza viene il potere - il potere di proteggere se stessi, di intervenire quando necessario e di promuovere la guarigione e il benessere per tutti.